감사의 마음을 담아

_____에게 드립니다.

3년 후 부의 흐름이 보이는

경제지표
정독법

3년 후 부의 흐름이 보이는

경제지표 정독법

거시경제의 거장 김영익이
미래를 읽는 법

김영익 지음

한스미디어

경제지표 속에는
머지않아 다가올 부의 흐름이 있다

우리는 '경제'에 대한 관심이 그 어느 때보다 높아진 시대를 살고 있다. 그런데 생각해보면 경제를 대수롭지 않게 여긴 시기도 없었다. 경제야말로 사람이 먹고사는 일, 즉 삶 그 자체에 관한 것이기 때문이다. 더욱이 현대로 들어와서는 사회가 복잡해지고 시스템이 고도화되어 과거의 모델로는 명쾌하게 설명할 수 없는 불확실성과 난제가 폭증했다. 경제 역시 얽히고설킨 실타래처럼 난해한 형상을 하고 있다. 생존과 번영을 위해 꼭 필요한 지식이 난맥상에 놓였으니 그 관심이 증폭되는 것은 자연스러운 현상이다.

그래서 경제를 공부해야겠다는 사람이 많다. 학문으로서 경제학뿐만 아니라 정치, 행정, 기업 경영, 금융이나 부동산 투자 등의 기본이 되는 경제지식을 익히겠다는 움직임이 늘어나고 있다. 이런 현상을 반영한 듯 경제학을 쉽고 흥미롭게 해설한 책이 쏟아져 나오고 있다. 경제학을 공부하고 있는 사람으로서는 반가운 일이다.

여기서 본질적인 질문을 던져야겠다. '경제를 공부한다'는 것은 무엇일까? 과거로부터 현재까지 석학들의 경제이론과 모델 등 개념적 지식을 숙지하는 것일까? 물론 이것도 경제 공부이다. 하지만 이것만으로는 부족한 느낌이다. 삶을 관통하는 지식이라야 효용이 있기 때문이다. 지금 이 자리에서 우리가 겪고 있는 경제 현상의 작동 원리를 간파하고 미래의 흐름을 전망하며 효과적으로 대비할 수 있게 하는 데 경제 공부의 진정한 목적이 있다고 본다.

내가 이 책을 쓴 이유도 여기에 있다. 삶과 동떨어진 현학적 개념이 아니라 생활 속에서 판단하고 실천하는 데 필요한 밑거름으로서 경제지식을 전달하고 싶었다. 이를 위해 효과적인 도구가 '경제지표'이다. 따분한 숫자의 나열처럼 느껴지는 '경제지표' 안에는 역동적인 세상이 담겨 있다. '부富'가 어디서 와서 어디로 흘러가는지를 생생하게 보여준다. 단, 지표의 배후를 읽어낼 수 있는 사람에게만 그렇다.

경제지표는 경제활동의 여러 분야에서 일어나는 일들을 계량화한 통계자료이다. 이를 통해 경제 상황을 요약하여 이해하고, 미래의 변화를 가늠할 수 있다. 지표는 과거를 해석하고 현실을 진단하며 미래를 조망할 단서를 던져준다. 지표 속에서 축적된 경제학 이론들이 찬란하게 꽃피운다. 그러므로 부지런히 지표를 찾아 분석하는 일은 경제 공부는 물론이고 경제적 실천에도 매우 유용하다. 지표를 잘 읽으면 거시경제 현상이 나와 직접적인 연관을 맺는 고리를 찾게 된다. 그것이 부의 흐름이며 기회이다.

그렇지만 지표를 잘 활용하는 사람은 뜻밖에 드물다. 학자나 전문가들도 번거롭게 느끼는 형편이니 보통 사람들은 말할 것도 없다. 하지만 지표는 전혀 어렵지 않다. 몇몇 기본 개념에 대한 이해만

뒷받침되면 된다. 지표를 구하는 일도 간단하다. 경제 관련 중요 기관의 웹사이트를 방문해서 다운로드하면 된다. 지표를 한데 모아 제공하는 통계 포털을 이용하면 더욱 편리하다.

이 책은 각종 지표를 구하는 구체적인 요령에서 시작하여 지표의 개요를 살피고 중요한 지점을 파악하는 기술적 방법을 하나하나 쉽게 담았다. 지표를 읽는 데 필요한 개념적 지식도 풀어서 설명했다.

1장은 경기순환과 경기변동 요인을 중심으로 책의 전체적 체계를 잡는 부분이다. 2장부터는 본격적으로 산업활동 동향, 국내총생산, 수출입 동향, 기업 및 소비자실사지수, 고용, 물가, 통화, 금리, 자금순환, 환율, 국제수지, 재정에 관한 경제지표를 소개한다. 그리고 각각의 지표들을 분석하고 시사점을 찾고 미래 전망과 대응 방안을 세우는 방법론을 덧붙였다. 부담 없이 읽으며 차근차근 따라 하다 보면 자연스럽게 경제지식이 쌓이리라 생각한다. 그리고 더 중요하게는 실전 경제감각을 익히게 될 것이다.

나는 25년 동안 증권사 리서치센터와 민간 경제연구소에서 이코노미스트로 일했다. 그러다가 7년 전부터는 서강대학교 경제학부와 경제대학원에서 학생들과 더불어 이코노미스트 역할을 연장해가고 있다. 나는 경제이론만 주로 공부하는 학생들에게 현실 경제를 접목시켜주고 싶었고, 그래서 '거시경제지표 분석'이라는 과목을 만들어 14학기 연속 학생들에게 강의를 하고 있다. 통계청, 한국은행 등에서 발표하는 주요 경제지표가 어떻게 작성되고, 경제이론과 어떻게 연결되며, 또 이를 토대로 현재 경제 상황을 진단하고 나아가서는 미래 경제를 전망하는 방법을 학생들에게 제시하고 있다. 또한 한국금융연수원 '금융시장분석'이라는 연수과정에서 금융인들과 같은 방법으로 지식을 나누고 있다. 이 책은 이러한 강의 내용이 토대가 된 것이다. 이 때문에 그 어떤 책 못지않게 현실적인 필요성과 효용성이 충분하다고 생각한다.

나는 증권사 리서치센터장이나 경제연구소 소장으로 일할 때도 매일같이 직접 경제 데이터를 찾아 입력했고, 이를 토대로 수많은 자료를 작성해왔다. 이 책에 소개된 각종 데이터도 시간이 지나면 바뀌겠지만, 이를 토대로 기본 개념을 이해하고 꾸준히 데이터를 업데이트하다 보면 누구나 뛰어난 이코노미스트가 될 것이라 확신한다. 그다음 경제나 금융시장의 큰 흐름을 알게 될 것이고, 어떠한 미시적 의사결정도 현명하게 해낼 것이다.

모쪼록 경제지표를 통해 살아 있는 실전적 경제지식을 익히고 부의 흐름을 꿰뚫어 보는 통찰력을 기르기를 바라마지 않는다. 이 책이 그 과정에 작은 도움이 된다면 더없이 행복하겠다.

2022년 여름

김영익

Contents

4장

무역시장의 내비게이션: 수출입 동향

5장

기업과 개인의 체감 경기: 기업 및 소비자실사지수

6장

미래를 위한 전 세계적인 관심사: 고용

1장

경기란 무엇이고,
어떻게 움직이는가:
경기순환과 경기변동 요인

01

경기와 경기순환

경기란 무엇인가

"요즘 경기가 안 좋아서 먹고살기 힘들어요." "경기가 좋지 않을 때는 음식점 창업을 안 하는 게 좋아요." 주변에서 흔히 듣는 이야기다. 그런데 '경기'가 무엇이냐고 물으면 고개를 갸우뚱거린다. 알 듯도 하지만 정확히 표현하기는 어렵다.

경기란 국민경제의 총체적인 활동 수준을 뜻한다. 간단히 말해 경제가 얼마나 활발히 움직이느냐를 나타낸다. '경기가 좋다'는 말은 생산과 소비의 활동 수준이 크다는 뜻이다. 즉 생산도 많이 하고 소비도 많이 한다. 자연스럽게 돈의 움직임도 활발해진다. 반대로 경기가 나쁘다는 것은 생산과 소비가 위축되고 돈의 흐름이 막혀 있는 상황을 의미한다.

경기를 학생에 비유해서 설명해보자. 경기가 좋다는 말은 어떤 학생이 '공부'라는 활동을 '열심히' 하는 것과 마찬가지다. 그 학생의 성적이 얼마나 좋고 나쁜지는 성적표를 들여다봐야 안다. 하지만 공부를 열심히 하는지 안 하는지는 본인도 알고 주변 사람들도 느낄 수 있다. 경기도 마찬가지다. 경제활동이 활발한지 아닌지를 몸으로 체감할 수 있다. 공부를 열심히 하는 학생이 성적이 좋을 가능성이 높듯이 경기가 좋을 때는 경제 그 자체가 좋을 가능성이 크다.

사람들은 대부분 늘 경기가 좋기를 바란다. 하지만 경기는 이런 바람대로 움직이지 않는다. 좋았다가 나빠졌다가를 되풀이한다. 권불십년 화무십일홍權不+年 花無+日紅(권력이 강해도 10년을 넘기지 못하고 붉은 꽃도 열흘을 가지 못하고 진다)이다. 이것이 자연의 이치다. 경제도 마찬가지다. 이렇듯 총제적 경제활동이 장기적인 추세에 따라 상승과 하강을 반복하는 현상을 '경기순환'이라고 한다.

경기가 좋을 때와 나쁠 때: 경기 국면

현재 경기가 좋은지 나쁜지를 나타내는 것이 '경기 국면'이다. 경기가 좋을 때를 '확장 국면'이라 하고 나쁠 때를 '수축 국면'이라 한다. 더 세분화할 수도 있다. 경기가 좋을 때라도 막 좋아지기 시작한 시점도 있고 최고조에 도달한 시점도 있다. 전자를 회복 국면이라 하고 후자를 활황 국면이라 한다. 경기가 나쁜 수축 국면도 둘로 나뉜다. 경기가 나빠지기 시작한 후퇴 국면과 견디기 힘든 상태인 침체 국면이다.

경기가 가장 좋을 때를 '정점', 가장 나쁠 때를 '저점'이라고 한다. 앞에서 말한 경기의 순환주기는 경기의 저점에서 다음 저점까지, 또는 정점에서 다음 정점까지의 기간을 나타낸다. 이것을 그래프로 보면 더욱 쉽게 이해할 수 있을 것이다.

▶ **그림 1-1 경기순환의 구분**

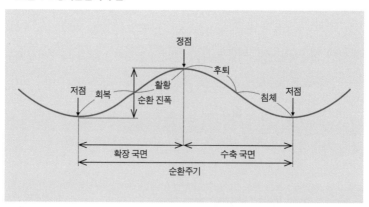

자료: 한국은행

경기가 변하는 시점: 기준순환일

[그림 1-1]을 보면 수축 국면에 있던 경기가 확장 국면으로 바뀌기 시작한 시점, 쉽게 말해 나쁘던 경기가 좋아지기 시작하는 지점이 존재한다. 반대로 확장 국면에 있던 경기가 수축 국면으로 바뀌어 좋던 경기가 나빠지기 시작한 순간도 있다. 이것을 기준순환일 Reference Date이라고 한다. 개념적으로 규정하자면 국민경제 전체의 순환 변동에서 국면 전환이 발생하는 경기 전환점이 경기순환일이다. 경기의 정점과 저점이 모두 기준순환일이 된다.

기준순환일은 국민경제 전체에서 국면이 바뀌는 지점이다. 국민경제의 아래 단위로 내려가면 여러 개별 경기지표가 존재하는데 여기서 경기 국면이 바뀌는 지점은 '특수순환일'이라고 한다.

경제를 뒤흔들 만한 극적인 사건이 어느 날 갑자기 일어나서 그때부터 경기가 좋아지거나 나빠지기보다는 여러 요인과 시간이 누적되어 경기가 바뀌는 것이 일반적이다. 그래서 기준순환일은 명확히 드러나지 않는다. 기준순환일은 통계청에서 정하는데 국내총생산 GDP, 산업생산 등 개별 지표와 경기지수의 움직임을 분석한 후 관련 전문가의 의견을 들어 나중에 결정한다.

우리나라 경기는 언제 어떻게 좋아지거나 나빠졌을까? 통계를 보면서 알아보자. 한국 경제는 1972년 3월에서 2020년 5월까지 12번의 경기순환을 거쳤다. 통계청에서 정한 기준순환일은 [표 1-1]과 같다. 이때까지 경기가 한 번 순환하는 평균 순환주기는 52개월이었다. 확장 국면은 평균 33개월 지속되었고, 수축 국면은 평균 19개월 이어졌다.

▶ 표 1-1 한국의 기준순환일

순환	저점	정점	저점	확장	수축	주기	비고
제1순환	1972.3	1974.2	1975.6	23	16	39	– 1972년 새마을운동 – 1973년 1차 석유파동
제2순환	1975.6	1979.2	1980.9	44	19	63	– 중동 건설 붐 – 제2차 석유파동
제3순환	1980.9	1984.2	1985.9	41	19	60	– 사회·정치적 혼란에서 탈피
제4순환	1985.9	1988.1	1989.7	28	18	46	– 3저 현상, 서울 올림픽
제5순환	1989.7	1992.1	1993.1	30	12	42	– 신도시 건설
제6순환	1993.1	1996.3	1998.8	38	29	67	– 일부 중화학공업 호조
제7순환	1998.8	2000.8	2001.7	24	11	35	– 세계 경제의 IT 붐 – 저금리와 내수 증가
제8순환	2001.7	2002.12	2005.4	17	28	45	– 소비의 급등과 급락
제9순환	2005.4	2008.1	2009.2	33	13	46	– 대중 수출의 급등과 둔화 – 2008년 글로벌 금융위기
제10순환	2009.2	2011.8	2013.3	30	19	49	– 선진국의 재정 및 통화 확대 정책
제11순환	2013.3	2017.9	2020.5?	54	32	86	– 코로나19 충격
제12순환	2020.5?						
평균				33	19	52	

주: 평균은 1~11순환 기준
자료: 통계청

02

경기는 어떻게 움직이는가

경기가 좋을 때와 나쁠 때 경제의 구체적인 모습은 어떨까? 개별적인 경제단위에서는 경기의 좋고 나쁨이 어떻게 나타나는지 일반적인 특징을 살펴보자.

생산량

거의 모든 부문의 생산량이 경기와 같은 방향으로 움직인다. 경기가 좋을 때는 생산량이 늘어나고 경기가 나쁠 때는 생산량이 줄어든다. 이런 경향은 소비재와 자본재, 지역이나 산업과 상관없이 공통적이다.

내구재와 비내구재

장기간 사용하며 가치를 천천히 감소시키는 제품인 주택, 가전제품, 승용차 등을 내구재라 하고 단기간에 가치를 감소시키는 식료품, 비누, 의류 등을 비내구재라 한다. 생산량을 볼 때 내구재가 비내구재보다 경기의 영향을 크게 받는다. 경기가 나쁠 때는 소비를 미루어도 영향이 덜하며 상대적으로 고가인 내구재의 소비가 더 크게 줄고 반대로 경기가 좋을 때는 더 크게 늘어나는 경향을 반영한 것이다.

농산물과 천연자원

소비가 늘면 생산량을 늘리는 것이 경제의 자연스러운 흐름이며 앞서 말했듯 거의 모든 부문의 생산량이 경기와 같은 방향으로 움직인다. 하지만 예외도 있는데 농산물이 대표적이다. 농산물은 대개 1년 단위로 생산이 이루어지므로 그해 그달의 소비량보다는 직전 해의 소비량에 따라 생산량을 계획한다. 또한 기후, 자연재해, 전쟁 등의 여건 변화에 따라 생산량이 크게 달라지기도 한다. 따라서 농산물 생산활동은 경기와 다른 움직임을 보일 때가 있다. 천연자원도 이와 비슷한 경우인데, 경기가 나빠도 생산이 증가할 수 있고 경기가 좋은데 생산이 감소하기도 한다. 농산물과 천연자원 생산이 경기와 다른 모습을 보인 사례로 2022년 러시아의 우크라이나 침공으로 시작된 전쟁의 영향을 들 수 있다.

기업 이윤

기업은 경기에 매우 민감한 경제주체이다. 경기가 좋을 때는 기업 이윤이 늘어나고 경기가 나쁠 때는 이윤이 줄어든다. 즉 기업 이윤은 경기와 같은 방향으로 움직인다. 경기에 영향을 크게 받는 만큼 그 변동의 폭이 매우 크다는 점이 특징이다.

물가

경기가 좋아서 생산과 소비가 늘어나면 물가가 오르는 것이 일반적이다. 반대로 경기가 나빠서 소비가 위축되면 물가는 하락하는 경향을 보인다. 2022년 3월 이후 미국 소비자물가는 전년보다 8.5% 상승하면서 40년 3개월 만에 최고치를 기록했다. 이는 미국 중앙은행이 통화 공급을 늘려 미국의 수요가 빠른 속도로 회복되었기 때문이다. 경기가 상승하여 과열되어 물가 역시 상승한 것이다. 이처럼 물가는 경기와 같이 움직이는데 이를 '경기순응적procyclical'이라고 한다.

이자율

경기가 좋으면 생산과 소비 활동이 늘고 이에 따라 돈의 흐름이 활발해진다. 자금 수요가 늘어나면서 이자율이 올라가는 것이 일반적인 현상이다. 그래서 이자율은 경기순응적이다. 앞서 말했듯 미국의 경기가 좋아지고 자금 수요가 늘어나면서 금리 역시 급등하고 있다. 그런데 경기를 직접적으로 반영하는 단기 자금과는 달리 장기 이자율은 경기가 미치는 영향이 상대적으로 덜한 편이다. 그래서 장기 이자율은 경기순응의 정도가 더 낮다.

통화량과 통화승수

시중에 돈이 얼마나 풀려 있는지를 나타내는 개념이 통화량이다. 즉 특정 시기에 경제에서 사용할 수 있는 화폐 자산의 총량이다. 경기가 좋을 때는 통화량이 늘어나고 경기가 나쁠 때는 통화량이 줄어든다.

통화량은 중앙은행이 찍어낸 화폐 총량보다 훨씬 더 많다. 왜 그럴까? 시중은행이 자신이 직접 보유한 돈보다 훨씬 많은 돈을 대출하기 때문이다. 이처럼 시중은행은 신용을 바탕으로 실제로 존재하지 않는 돈을 빌려줄 수 있기에 통화량은 일반적으로 화폐 발행량보다 더 크다. 여기서 통화승수money multiplier라는 개념이 등장한다. 통화승수는 통화량을 본원통화로 나눈 비율로, 화폐승수라고도 한다.

통화승수는 경기에 매우 민감하며 경기와 같은 방향으로 움직인다. 예를 들어 1930년대 대공황 때는 은행 신용이 하락하여 통화승수가 급락했던 적이 있다.

수출입 물량

수출과 수입량은 경기가 좋을 때 늘어나고 경기가 나쁠 때 줄어든다. 즉 경기순응적이다.

실업률·기업도산율·어음부도율

경제의 어려움을 나타내는 지표들이 있다. 경제활동인구(취업자+실업자) 중 실업자가 차지하는 비율을 나타내는 실업률, 전체 기업 중 망하는 기업의 비율인 기업도산율, 어음교환소를 통해 교환 회부된 약속어음, 당좌수표, 가계수표, 자기앞수표 등 각종 어음과 수표 중 지급되지 않고 부도가 난 금액을 교환금액으로 나눈 어음부도율 등이 대표적이다. 이런 실업률·기업도산율·어음부도율은 경기가 좋을 때 감소하고 경기나 나쁠 때 증가한다. 경기와 반대 방향으로 움직이므로 경기역행적countercyclical이라고 한다.

경기 국면의 진행

경기는 이번 달에 좋았다가 다음 달에 갑자기 나빠지거나 하지는 않는다. 즉 국민경제 전체로 볼 때 경기의 확장과 수축 국면이 급격하게 뒤바뀌지는 않는다. 비교적 오랫동안 확장과 수축이 한 방향으로 지속되는 경향이 있다. 단, 경기 확장 국면은 더 길고 완만한 기울기를 가지는 데 반해 수축 국면은 더 짧고 기울기도 급격하다. 말하자면 경기가 좋아질 때는 경기가 나빠질 때보다 오랜 기간에 걸쳐 천천히 조금씩 좋아지고 경기가 나빠질 때는 경기가 좋아질 때보다 더 짧은 시간에 걸쳐 급격하게 나빠지는 경향이 있다.

03

경기변동은
어떻게 일어나는가

일본과 미국의 기준순환일

앞서 말했듯 수축 국면의 경기가 확장 국면으로 바뀌거나 확장 국면의 경기가 수축 국면으로 바뀌는 시점이 '기준순환일'이다. 일본과 미국 경제의 사례를 통해 자세히 살펴보자.

1990년대 이후 일본 경제는 장기간 디플레이션 상태에 빠졌다. 하지만 그중에도 단기 경기순환은 존재했다. 일본의 평균 순환주기는 52개월로 한국과 같았다. 일본경제사회연구소에 따르면 일본 경제는 1951년 10월에서 2012년 11월까지 15번의 경기순환을 거쳤

순환	기준순환일			지속기간(개월)		
	저점	정점	저점	확장	수축	주기
제1순환	1951.10	1954.1	1954.11	27	10	37
제2순환	1954.11	1957.6	1958.6	31	12	43
제3순환	1958.6	1961.12	1962.10	42	10	52
제4순환	1962.10	1964.10	1965.10	24	12	36
제5순환	1965.10	1970.7	1971.12	57	17	74
제6순환	1971.12	1973.11	1975.3	23	16	39
제7순환	1975.3	1977.1	1977.10	22	9	31
제8순환	1977.10	1980.2	1983.2	28	36	64
제9순환	1983.2	1985.6	1986.11	28	17	45
제10순환	1986.11	1991.2	1993.10	51	32	83
제11순환	1993.10	1997.5	1999.1	43	20	63
제12순환	1999.1	2000.11	2002.1	22	14	36
제13순환	2002.1	2008.2	2009.3	73	13	86
제14순환	2009.3	2012.3	2012.11	36	8	44
제15순환	2012.11					
평균				36	16	52

자료: ESRI(Economic and Social Research Institute, 일본경제사회연구소)

다. 기준순환일은 [표 1–2]와 같다. 확장 국면은 평균 36개월 지속되었고, 수축 국면은 평균 16개월 이어졌다.

▶ 표 1-3 미국의 기준순환일

순환	경기 저점	경기 정점	수축 국면	확장 국면	순환주기
제1순환	1900.12	1902.9	18	21	39
제2순환	1904.08	1907.5	23	33	56
제3순환	1908.06	1910.1	13	19	32
제4순환	1912.01	1913.1	24	12	36
제5순환	1914.12	1918.8	23	44	37
제6순환	1919.03	1920.1	7	10	17
제7순환	1921.07	1923.5	18	22	40
제8순환	1924.07	1926.1	14	27	41
제9순환	1927.11	1929.8	13	21	34
제10순환	1933.03	1937.5	43	50	93
제11순환	1938.06	1945.2	13	80	93
제12순환	1945.1	1948.11	8	37	45
제13순환	1949.1	1953.7	11	45	56
제14순환	1954.05	1957.8	10	29	39
제15순환	1958.04	1960.4	8	24	32
제16순환	1961.02	1969.12	10	106	116
제17순환	1970.11	1973.11	11	36	47
제18순환	1975.03	1980.1	16	58	74
제19순환	1980.07	1981.7	6	12	18
제20순환	1982.11	1990.7	16	92	108
제21순환	1991.03	2001.3	8	120	128
제22순환	2001.11	2007.12	8	73	81
제23순환	2009.6	2020.2	18	128	146
제24순환	2020.4		2		
평균			14	48	62

자료: NBER(National Bureau of Economic Researchm, 전미경제연구소)

이어서 미국의 기준순환일을 살펴보자. 미국의 경기순환주기는 평균 62개월이다. 한국과 일본의 52개월에 비해서 더 길었다.

전미경제연구소에 따르면 미국 경제는 1900년 12월 이후 2020년 2월까지 총 24회 경기순환을 거쳤다. 평균 순환주기는 62개월이었으며 확장 국면은 평균 48개월, 수축 국면은 평균 14개월이었다. 자세한 내용은 [표 1-3]과 같다. 이 표를 보면 미국의 경기순환에서 제16순환과 제21순환의 확장 국면이 각각 106개월과 120개월로 매우 오랫동안 지속되었음을 발견할 수 있다. 여기에는 특수한 상황이 있다. 제16순환에서는 베트남전쟁이 있었고, 제21순환에는 정보통신혁명에 따른 생산성 증가가 이루어졌다. 이런 중요한 요인이 경기 확장 국면을 연장시켰다고 분석된다. 또한 미국 경기는 2009년 6월을 저점으로 경기 확장 국면이 2016년 3월까지 지속되었다. 과거 평균보다 더 길어졌는데, 이는 셰일가스 영향 때문이라고 추정된다.

경기변동의 분류

경기가 좋았다가 나빴다를 반복하는 경기순환은 '경기변동景氣變動, business cycle'으로도 표현된다. 경기변동은 일정한 주기를 두고 발생하는데 상승과 하강의 곡선이 파도가 오르내리는 모양으로 나타난다. 이것을 경기 파동이라고 한다. 이런 경기 파동은 장기와 중기, 단기에 걸쳐서 각각 일어날 수 있다. 장기 파동으로는 콘드라티예프 파동Kondratieff wave, 중기 파동으로는 주글라 파동Juglar cycle, 단기 파동으로는 키친 파동Kitchen cycle이 각각의 대표적인 이론이다.

① 장기 파동: 콘드라티예프 파동

구소련의 경제학자 니콜라이 콘드라티예프가 1920년대에 주창한 이론이다. 콘드라티예프는 영국, 미국, 독일, 이탈리아의 각종 경제 지표를 분석하여 서구 자본주의 경제에서 대발명이 대략 50년 주기로 생기며 이에 따라 각국의 경기가 50년 내외의 주기로 상승과 하락이 일어난다고 보았다. 장기 파동은 산업 전체에 영향을 끼치는 새로운 자원의 개발이나 기술 혁신 등이 그 요인이 된다. 예를 들어 철도나 전기의 발명 같은 큰 사건에 영향을 받는다. 현대는 인터넷을 중심으로 한 정보통신기술과 나노 등의 소재 혁신이 장기 파동을 이끈다고 판단된다.

- 1차 파동: 산업혁명
- 2차 파동: 철강, 철도 등의 기술혁명
- 3차 파동: 석유, 자동차, 전기 등 기술혁명
- 4차 파동: 정보통신, 바이오 혁명(추정)

▶ 그림 1-2 콘드라티예프 파동

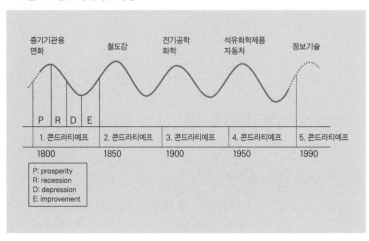

▶ 표 1-4 산업혁명의 발전 단계 정의 및 특징

구분	연도	특징	정의
1차 산업혁명	1784년	- 증기 및 수력 기관 - 기계식 생산설비	• 가축, 인력 등 생물자원에서 화석 연료 사용 및 기계 사용이 가능한 기계적 혁명 • 영국이 최대 공업대국으로 부상
2차 산업혁명	1870년	- 전기 사용 - 분업과 대량생산	• 컨베이어 시스템, 전기 등을 통한 대량생산 체계 구축 • 미국이 세계 최강대국의 지위 구축
3차 산업혁명	1969년	- 전자기기, IT - 자동화 생산과 인터넷	• 정보의 생성·가공·공유를 가능하 게 하는 정보기술 시대의 개막
4차 산업혁명	?	- 사이버 물리 시스템 (CPS)	• 디지털, 물리적, 생물학적 영역의 경계가 사라지면서 기술이 융합되 는 새로운 시대

자료: World Economic Forum(2016.1)

자본주의 경제의 대발명과 이에 따른 혁신은 '산업혁명'이라는 용어로 표현되기도 한다. 증기기관을 중심으로 한 기계식 생산의 1차 산업혁명에 이어 전기에너지와 대량생산의 2차 산업혁명, 정보화를 앞세운 3차 산업혁명을 거쳐 현재는 4차 산업혁명 시대를 맞이하고 있다. [표 1-4], [표 1-5], [표 1-6]에서 산업혁명의 발전 단계와 그

▶ **표 1-5 4차 산업혁명의 주요 기술과 특징**

기술	내용
사물인터넷 (IoT: Internet of Things)	• 사물에 센서를 부착하여 실시간으로 데이터를 네트워크 등으로 주고받는 기술 • 인간의 개입 없이 사물 상호 간 정보를 직접 교환하며 필요에 따라 정보를 분석하고 스스로 작동하는 자동화 예) IoT+AI+빅데이터+로봇공학=스마트 공장(CPS)
로봇공학	• 로봇공학에 생물학적 구조를 적용함에 따라 더욱 뛰어난 적응성과 유연성을 갖추고 정밀농업에서 간호까지 다양한 분야의 광범위한 업무를 처리할 만큼 활용도 향상
3D 프린팅 (Additive Manufacturing)	• 입체적으로 형성된 3D 디지털 설계도나 모델에 원료를 층층이 겹쳐 쌓아 유형의 물체를 만드는 기술로 소형 의료 임플란트에서 대형 풍력발전기까지 광범위하게 응용 가능 예) 3D 프린팅+바이오 기술=인공장기
인공지능 (AI)	• 컴퓨터가 사고, 학습, 자기계발 등 인간 특유의 지능적 행동을 모방할 수 있도록 하는 컴퓨터공학 및 정보기술 • 다양한 분야와 연결하여 인간의 업무를 대체하고 그보다 높은 효율성을 가져올 것으로 예상 예) AI+IoT+자동차=무인자율주행자동차
빅데이터 (Big Data)	• 디지털 환경에서 생성되는 다양한 형태의 방대한 데이터를 바탕으로 인간의 행동 패턴 등을 분석 및 예측하고 산업 현장 등에서 활용하면 시스템의 최적화 및 효율화 도모 가능 예) 빅데이터+AI+금융정보=투자 로봇 어드바이저 　　빅데이터+AI+의학정보=개인 맞춤형 헬스케어

자료: World Economic Forum(2016.1)

▶ 표 1-6 주요국 4차 산업혁명 관련 기술 비교

분야	세부 기술	선진국 대비 상대적 기술 수준				
		미국	EU	일본	중국	한국
디지털	빅데이터	100	87.0	82.8	82.5	79.0
	인공지능(AI)	100	88.1	83.0	81.9	78.1
	사물인터넷(IoT)	100	90.0	87.0	78.0	82.0
	가상·혼합현실	100	87.0	90.0	80.0	80.0
	지능형 실감 방송·미디어 서비스	100	87.5	90.0	80.0	86.5
바이오	유전자 치료	100	94.5	85.0	78.5	82.5
	바이오 의약	100	90.8	88.1	70.4	77.4
	바이오 인공장기 개발	100	80.0	90.0	60.0	70.0
	질병 진단 바이오칩	100	94.0	85.0	76.0	80.0
에너지	수소·연료전지	97.5	96.0	100	70.7	78.3
	고효율 태양전지	96.0	100	100	80.0	87.5
	스마트 그리드	100	95.0	85.0	80.0	80.0
제조 관련	유·무인 자율비행체	100	96.0	81.0	87.5	70.0
	유·무인 자율비행체 통합 관제 시스템	100	90.0	74.5	80.0	65.0
	스마트 자동차	100	100	92.0	70.0	80.0
	3D 프린팅 장비·소재	100	100	79.0	75.0	55.5
	3D 프린팅 소프트웨어·활용	100	99.0	82.5	75.0	75.0
	서비스 로봇	100	95.5	96.5	79.0	80.5
	초고속·초절전형 반도체 소자 및 SoC 설계·제작 기술	100	90.0	86.5	75.5	85.0
	웨어러블 디바이스	100	88.0	83.5	81.0	80.7
소재·나노	나노 융합	100	92.5	95.4	73.7	81.4
	다기능 융·복합 소재	100	89.5	100	75.5	73.5

주: 1) 미국 수준을 100으로 가정하였고, 수소·연료전지와 고효율 태양에너지는 일본을 100으로 가정함.
　　2) 산업연구원(2017), 〈산업 고도화 전략〉에서의 분석 자료를 업그레이드함.
자료: KISTEP(2018), 〈기술수준평가〉; 산업기술평가관리원(2017), 〈산업기술수준조사보고서〉; 정보통신산업진흥원(2017), 〈ICT 기술수준 조사보고서〉

특징, 주요 기술에 대해 더 자세히 살펴볼 수 있다.

② 중기 파동: 주글라 파동

프랑스의 경제학자 클레망 주글라가 1862년에 발표한 경기변동 이론이다. 주글라는 "자본주의 경제에서 고용·소득·생산량이 대폭적인 파상 운동을 하고 그 파동의 모든 단계는 그 전 단계로부터 차례로 나타난다"고 분석함으로써 순환적 경기변동 이론의 토대를 닦았다. 그 당시 경제학자들은 주로 공황을 문제로 삼았지만 주글라는 공황이 경기순환의 한 국면임을 분명히 지적했다. 그리고 물가, 금리, 대출액 등을 지표로 파동을 발견했는데 이것은 9년 주기로 나타났다. 주글라 파동에서는 주로 기술 혁신과 설비투자 교체 등이 중요한 요인이 된다.

▶ **그림 1-3 주글라 파동**

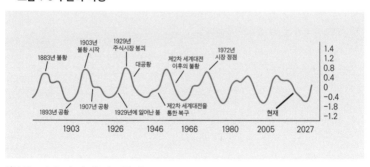

자료: Foundation for the Study of Cycles

③ 단기 파동: 키친 파동

미국의 경제학자 조셉 키친이 주창한 경기의 단기 파동 이론이다. 주류 경제학에서는 경기순환의 주된 흐름을 9년 주기의 주글라 파동으로 분석하는 것이 일반적이다. 그러나 중기 파동 안에 더 작은 흐름의 파동이 존재한다는 것이 발견되었다. 이 파동은 40개월 단위로 통화량 변동, 금리와 물가 변화, 재고 변동 등을 요인으로 일어난다. 미국에서 채택했다고 해서 미국 순환American Cycle이라고도 한다.

▶ **그림 1-4 키친 파동**

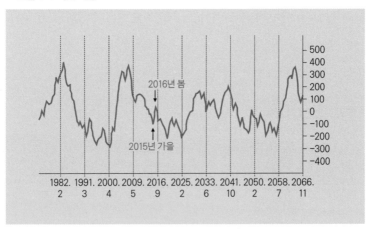

▶ **그림 1-5 경기 파동의 종합 분석**

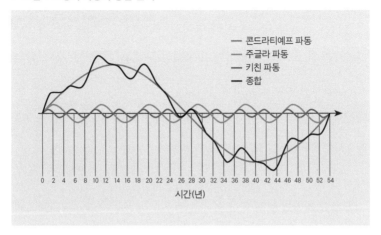

시간(년)

— 콘드라티예프 파동
— 주글라 파동
— 키친 파동
— 종합

경기변동의 외부 원인

앞서 말했듯 경기는 늘 좋거나 나쁠 수 없다. 고정되어 있지 않고 어딘가를 향해 진행 중이기 때문이다. 오늘의 경기는 상승하거나 하강하는 지점 어딘가에 있다. 50년 단위의 장기 파동의 한 지점에 속해 있으며, 그 안에서 9년 주기인 중기 파동의 흐름을 타고 있다. 더 세부적으로는 들여다보면 40개월 단위의 단기 파동 곡선을 지나고 있을 것이다.

그렇다면 경기는 이미 주어진 운명을 따라 수동적인 순환을 반복하는 것일까? 그렇지는 않다. 경제 내·외부의 수많은 요인과 변수에 따라 역동적으로 변화한다. 사실 경기 파동이라는 것도 이 역동적 변화의 흐름을 한발 뒤로 물러나 관찰해서 정리한 것일 뿐이다.

경기는 외부적 요인에 따라 변화할 수 있다. 이 말은 중요한 의미가 있다. 한 국가에서 경기가 과열되었을 때는 인위적으로 식힐 수 있고, 침체되었을 때는 상승시키는 노력을 할 수도 있다는 의미이기 때문이다. 그렇다면 경기변동을 불러오는 외부적 요인으로는 어떤 게 있을까? 다음을 보자.

① 수요 측면의 충격

일본 경제는 '잃어버린 20년'이라고 표현되는 오랜 경기침체를 겪어왔다. 그 중요한 요인 중 하나가 민간의 소비 감소였다. 경기 불황에 대비하려는 심리적인 위축이 사회 전체의 수요를 떨어뜨렸고 이것이 요인이 되어 경기 수축을 불러오는 악순환이 반복된 것이다. 일본의 아베 전 총리가 2012년부터 추진한 이른바 '아베노믹스'는 금융완화와 확장재정을 통해 수요를 회복하는 데 핵심이 있다. 그러나 일본의 수요는 좀처럼 늘지 않았다. 이처럼 수요 급증이나 급감 등의 충격은 경기변동의 외부적 요인이 된다.

② 화폐적 충격

지갑에 돈이 두둑하게 들어차면 씀씀이가 커지게 마련이다. 마찬가지로 한 사회 전체의 화폐량이 늘어나면 상품 수요와 재고량이 증가한다. 즉 호황이 된다. 그러나 이 흐름은 무한정 지속될 수 없다. 화폐량 증가는 신용 확대에 따르는데, 은행이 끝없이 신용을 늘리지는 못하기 때문이다. 그래서 조만간 신용이 제한되고 화폐적 구매력이 축소되며 경제는 하강 추세로 전환된다. 이 국면이 불황이다. 이런 흐름에서 경기는 화폐적 충격에 따라 변동하기도 한다.

③ 수요·공급적 측면

행복한 상황을 떠올려보자. 시장 수요가 계속 증가해서 공급이 늘어난다. 공급을 늘리기 위해서는 투자가 뒤따르기 마련이므로 이를 위한 수요도 덩달아 늘어난다. 수요와 공급이 꼬리를 이어가며 늘어나는 호황 상태이다. 하지만 이 국면은 오래가지 못한다. 소비의 필요성과 여력은 한계가 있다. 무한히 늘어나지 못한다. 그래서 공급 과잉이 발생한다. 행복한 호황기와 정반대의 흐름이 일어나고, 이것이 바로 불황이다. 하지만 소비가 제로가 되는 일은 없다. 생존을 위한 최소한의 소비는 반드시 일어나며 호황이라는 반전을 향해 나아간다. 이처럼 수요·공급의 불균형은 경기변동을 불러온다.

④ 공급 측면 요인

원유와 곡물 등 인간 삶과 산업생산에 필수적이고 중요한 원자재 등의 공급이 부족하거나 반대로 과잉일 때 경기에 영향을 준다. 예를 들어 한국 경제 최대 위기를 꼽을 때 1997년 IMF 경제위기를 거론하는 사람들이 많다. 하지만 1980년 2차 오일 쇼크 때라고 답하는 전문가들도 꽤 많다.

⑤ 기타 요인

수요 공급이나 통화 등의 경제적 요인이 아니라 정치적 요인도 경기에 변동을 준다. 예를 들어 영국의 유럽연합 탈퇴(브렉시트 Brexit) 등의 정치·외교적 사건은 경기변동의 큰 요인이 되었다. 또한 2020년 이후의 코로나19 감염병의 세계적 확산과 2022년 러시아의 우크라이나 침공으로 비롯된 전쟁 국면은 전 세계 경기에 결정적인 영향을 끼쳤다.

04

경제지표를
구성하는 것들

경제지표의 4가지 요인

자본주의 경제에서 호황과 불황의 교체는 불가피하다. 이런 경제 흐름은 생산, 물가, 고용 등의 지표에 영향을 미치는데, 그 중요한 요인으로 계절 요인, 불규칙 요인, 추세 요인, 순환 요인의 4가지를 들 수 있다. 4가지 요인의 영문 첫 글자를 따서 SITC라고 한다.

① **계절 요인**Seasonal factor

1년 동안 계절에 따른 주기적 변동을 말한다. 예를 들어 매년 4분기는 농업 수확기로 이때는 농업생산 증가로 인해 국내총생산GDP이 증가한다. 농업 수확이 거의 없는 1분기에는 감소 경향을 보인다.

② 불규칙 요인Irregular factor

천재지변, 유행성 질병, 대규모 노사분규 등의 단기적이고 우발적 변동 요인을 말한다. 예를 들어 2015년 6월에는 메르스(중동호흡기증후군) 창궐로 생산 및 소비 활동이 급락했으며 2020년 이후 코로나19는 경기에 더욱 치명적인 상황을 낳았다.

③ 추세 요인Trend factor

일반적이고 장기적인 변동 요인을 말한다. 인구 증가, 자본 축적, 기술 진보 등이 여기에 해당한다. 특별한 경우가 아니라면 시간 경과에 따라 GDP 규모가 증가한다.

④ 순환 요인Cyclical factor

경기의 상승과 하강에 따른 변동 요인을 말한다. 대표적으로 동행지수 순환변동치를 들 수 있다. 이때 도소매 판매액, 생산, 출하 등의 동행지표에서 추세치를 제거한 후 경기의 순환만을 파악하기 때문에 현재 경기 국면을 정확하게 판단할 수 있다. 앞서 말했듯 추세 요인에서는 시간 경과에 따라 GDP 규모가 증가하는데, 이 자연

추세분을 빼고 판단함으로써 순수한 경기변동을 파악하게 된다.

경기 분석에는 순환변동치 사용

경기 분석을 위해서는 앞에서 말한 4가지 요인 중에서 비경기적 요인인 계절 요인과 불규칙 요인을 뺀 추세 요인을 쓰거나, 더 나아가 추세 요인까지 제거한 순환변동치를 사용한다.

예를 들어 한국은행이 발표하는 계절조정 이전의 GDP는 매년 4분기에 증가했다가 1분기에는 감소하는 패턴을 반복한다. GDP에

▶ 그림 1-6 실제와 계절조정 GDP 비교

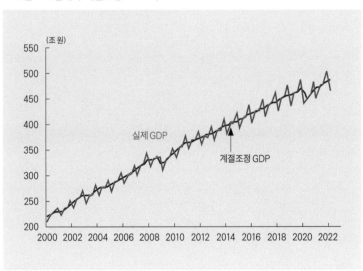

자료: 한국은행

포함되는 농업생산은 매년 4분기에 대부분 수확으로 잡히기 때문이다.

계절조정을 하기 전 GDP를 보면 매년 1분기 GDP는 전 분기에 비해 감소하는 모습이다. 따라서 한국은행에서는 시계열 분석 방법을 통해 계절조정한 GDP를 별도로 발표한다. 계절조정을 하면 데이터에서 계절 요인과 불규칙 요인이 제거된다. GDP를 계절조정한 후 전 분기 대비 GDP 변화를 구할 수 있다. 2015년 4분기에 경제 성장률이 전 분기 대비 0.6%였는데, 계절조정한 GDP가 3분기보다

▶ **그림 1-7 계절조정과 추세 GDP 비교**

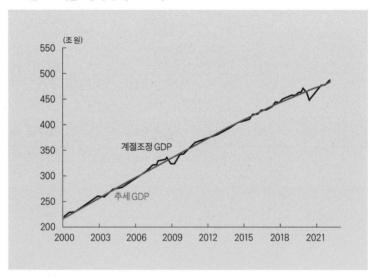

자료: 한국은행

0.6% 증가했다는 의미다.

한편 계절조정한 GDP는 특별한 외부 충격이 없는 한 장기적으로 증가한다. 노동과 자본이 증가하고 총요소생산성이 향상되기 때문이다. 이를 데이터에 포함된 추세 요인이라 한다.

추세 요인은 호드릭-프레스콧 필터Hodric-Prescott Filter 등의 시계열 분석 기법을 통해 추출할 수 있다. [그림 1-7]에는 추세 GDP가 나타나 있는데, 기간이 지날수록 거의 직선 형태로 증가하고 있다. 이 기울기로 추세 성장률을 구할 수도 있다. 수요 측면에서는 이를 잠재 GDP로도 활용하는데, 한국 경제의 잠재 성장률이 3%라면, 이 추세 GDP가 매년 3%씩 증가한다는 의미다.

지금까지 우리는 GDP 원계열에서 계절 요인과 불규칙 요인을 제거한 계절조정 GDP를 보고, 여기서 추세치를 구했다. 그러나 이 데이터로는 경기순환을 정확히 알 수 없다.

그래서 이번에는 추세 GDP마저 제거했다. 최종적으로 데이터를 구성하는 순환 요인만 보기 위해서이다. [그림 1-8]은 GDP 순환변동치를 구한 것이다. 이는 계절조정된 GDP와 추세 GDP의 퍼센트(%) 차이를 100 기준으로 조정한 것이다. 이렇게 구한 GDP 순환변동치가 증가하면 경기 확장 국면, 감소하면 경기 수축 국면을 의미한다.

여기서는 GDP를 대상으로 데이터 속에 내포된 계절 요인, 불규

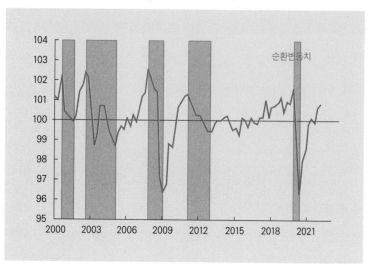

주: 어두운 부분이 경기 수축 국면
자료: 한국은행, 통계청

칙 요인, 추세 요인을 제거하고 최종적으로 순환 요인을 구했으나,
다른 대부분의 경제지표에도 같은 방법을 적용할 수 있다. 이후의
장에서 보게 될 통계청의 동행지수 순환변동치 혹은 선행지수 순환
변동치가 대표적인 예가 될 수 있다.

2장

가계와 기업의
현재 경제 상황:
산업활동 동향

한눈에 보는 산업활동 동향 지표 읽는 법

▶ 통계청 웹사이트의 '새소식' 메뉴의 '보도자료'에서 '산업활동 동향'을 검색하면 지표 자료를 얻을 수 있다.

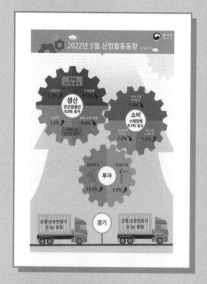

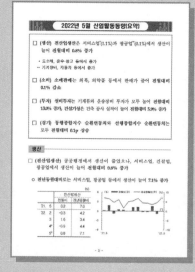

매월 산업활동의 핵심 내용을 인포그래픽으로 정리하여 보여주며, 생산·소비·투자·경기에 대한 주요 사항을 요약하여 설명한다.

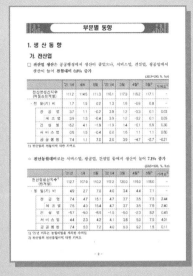

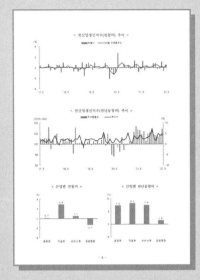

부문별 동향에서 '생산 동향'은 산업 전체의 생산 동향을 제시하며, 제조업과 서비스업에 대해서는 상세한 지표를 제공한다.

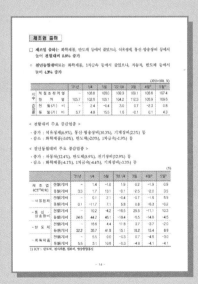

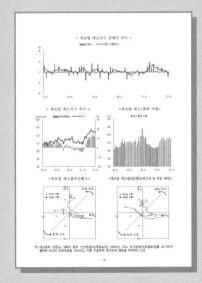

제조업 생산, 제조업 출하, 제조업 재고, 제조업 생산능력 및 가동률에 관한 지표는 경기 전반을 나타내는 중요한 사항이다.

서비스업 생산

□ 도소매업

○ 소매업에서 줄었으나 도매업, 자동차 및 부품판매업에서 늘어 전월대비 1.2% 증가
○ 전년동월대비로는 자동차 및 부품판매업에서 줄었으나, 도매업, 소매업에서 늘어 5.5% 증가

(%)

		'21년	1/4	5월	'22.1/4	3월	4월p	5월p
도소매업	전월(기)비	~	1.1	-0.8	1.0	1.1	-0.3	1.2
	동월(기)비	4.0	3.0	3.2	3.0	2.7	2.5	5.5
- 자동차 및 부품판매업	전월(기)비	~	3.5	0.8	4.7	-10.3	3.9	1.9
	동월(기)비	4.6	24.1	7.4	-7.3	-9.3	-6.3	-1.1
- 도매업	전월(기)비	~	-0.4	-0.1	1.7	2.9	-0.8	2.8
	동월(기)비	3.0	1.2	3.9	3.2	3.2	4.0	8.9
- 소매업	전월(기)비	~	2.8	-0.9	-0.5	-0.5	-1.3
	동월(기)비	5.4	2.2	1.3	5.0	4.8	2.2	2.2

□ 운수 및 창고업

○ 육상운송업, 광고 및 운송관련업, 항공운송업, 수상운송업에서 모두 늘어 전월대비 2.9% 증가
○ 전년동월대비로는 광고 및 운송관련업, 항공운송업, 육상운송업, 수상운송업에서 모두 늘어 14.3% 증가

(%)

		'21년	1/4	5월	'22.1/4	3월	4월p	5월p
운수 및 창고업	전월(기)비	~	2.2	-0.9	1.1	1.5	2.3	2.9
	동월(기)비	6.4	-2.5	8.5	8.2	4.3	8.5	14.3
- 육상운송업	전월(기)비	~	0.0	-1.0	-0.8	2.2	1.9	3.3
	동월(기)비	2.2	0.1	5.4	-0.5	-4.2	-0.1	5.1
- 수상운송업	전월(기)비	~	0.9	-8.4	-4.9	-1.5	1.2	1.5
	동월(기)비	5.8	10.9	3.5	0.3	-3.5	-0.9	9.7
- 항공운송업	전월(기)비	~	-5.3	3.7	-0.1	6.8	14.5	4.3
	동월(기)비	-5.4	-47.9	0.0	35.7	31.3	45.8	45.5
- 광고 및 운송관련업	전월(기)비	~	8.4	-0.2	6.2	-0.3	0.8	2.0
	동월(기)비	17.4	8.7	16.1	20.1	15.6	17.5	21.7

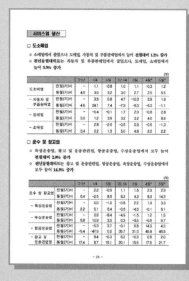

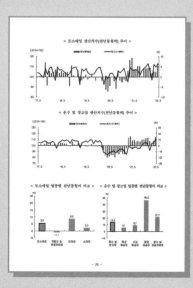

< 도소매업 생산지수(전년동월비) 추이 >

< 운수 및 창고업 생산지수(전년동월비) 추이 >

< 도소매업 업종별 전년동월비 비교 >

< 운수 및 창고업 업종별 전년동월비 비교 >

도소매, 운수, 숙박 및 음식업, 출판·영상·방송 및 정보 서비스, 금융 및 보험업 등으로 나누어 서비스업 생산 동향을 파악한다.

---

2. 소 비 동 향

□ 소매판매액지수는 승용차 등 내구재(0.2%) 판매가 늘었으나, 의복 등 준내구재(-1.2%), 의약품 등 비내구재(-0.3%) 판매가 줄어 전월대비 0.1% 감소

○ 전년동월대비로는 승용차 등 내구재(3.3%) 판매가 줄었으나, 의복 등 준내구재(5.9%), 의약품 등 비내구재(0.8%) 판매가 늘어 0.7% 증가

		'21년	1/4	5월	'22.1/4	3월	4월p	5월p
지수	계절조정지수	~	115.8	119.1	120.4	119.9	119.7	119.5
	원지수	119.6	112.5	122.8	115.8	122.0	119.4	123.7
증감률	전월(기)비	~	1.7	-0.2	-1.1	-0.2	-0.2	-0.1
	동월(기)비	5.9	8.7	3.7	2.8	2.1	0.4	0.7

< 전월대비 주요 증감내역 >
• 내구재(0.2%) : 〈증가〉 승용차, 통신기기·컴퓨터, 가구
　　　　　　　 〈감소〉 가전제품
• 준내구재(-1.2%) : 〈증가〉 신발·가방
　　　　　　　 〈감소〉 의복, 오락·취미·경기용품
• 비내구재(-0.3%) : 〈증가〉 화장품, 차량연료
　　　　　　　 〈감소〉 의약품, 음식료품, 서적·문구

< 전년동월대비 주요 증감내역 >
• 내구재(-3.3%) : 〈증가〉 통신기기·컴퓨터
　　　　　　　 〈감소〉 승용차, 가전제품, 가구
• 준내구재(5.9%) : 〈증가〉 의복, 신발·가방, 오락·취미·경기용품
　　　　　　　 〈감소〉 -
• 비내구재(0.8%) : 〈증가〉 의약품, 서적·문구
　　　　　　　 〈감소〉 음식료품, 차량연료

(%)

		'21년	1/4	5월	'22.1/4	3월	4월p	5월p
용지수	전월(기)비	~	1.7	-0.2	-1.1	-0.7	-0.2	-0.3
	동월(기)비	5.9	6.7	3.7	2.8	2.1	0.4	0.7
- 내구재	전월(기)비	~	0.9	1.6	-1.0	-7.4	0.5	1.2
	동월(기)비	5.5	19.1	3.4	-9.0	-4.3	-9.3	-9.3
- 준내구재	전월(기)비	12.9	10.8	4.8	8.0	2.4	5.8	5.9
	동월(기)비	~	1.8	0.1	0.5	4.1	-0.5	0.3
- 비내구재	전월(기)비	3.7	-0.3	3.5	4.2	5.8	1.5	0.8

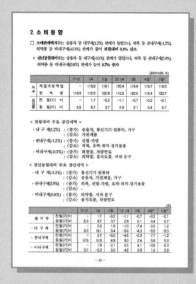

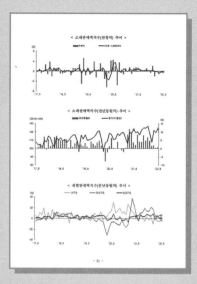

< 소매판매액지수(전월비) 추이 >

< 소매판매액지수(전년동월비) 추이 >

< 세부판매액지수(전년동월비) 추이 >

소매판매액지수 등을 중심으로 월별 소비 동향과 추이를 제시한다.

3. 투 자 동 향

설비투자

□ 설비투자는 특수산업용기계 등 기계류(11.9%) 및 항공기 등 운송장비(16.4%) 투자가 모두 늘어 전월대비 13.0% 증가

ㅇ 전년동월대비로는 특수산업용기계 등 기계류(4.3%) 및 항공기 등 운송장비(7.9%) 투자가 모두 늘어 5.1% 증가

(2015=100, %)

		'21년	1/4	5월	'22.1/4	4월P	5월P
지 수	계절조정계열	–	122.4	122.1	122.1	117.9	108.9	123.1
	원 계 열	122.7	118.0	124.3	116.5	125.3	115.8	130.7
전	월 (기) 비	–	6.0	-1.2	0.2	-2.3	-7.5	13.0
	- 기 계 류	–	8.7	-1.1	-1.7	-2.2	-6.1	11.9
	- 운송장비	–	-2.1	-1.9	5.9	-3.0	-2.5	16.4
전년동월	월 (기) 비	9.6	12.4	11.7	-1.3	-5.4	-12.1	5.1
	- 기 계 류	13.8	20.1	15.4	-2.4	-4.0	-12.2	4.3
	- 운송장비	-1.4	-7.4	1.8	2.6	-9.8	-11.7	7.9

기계류 내수출하 · 국내기계수주 [선박제외]

□ 기계류 내수출하는 전기기계 등에서 늘었으나, 기계장비 등에서 줄어 전월대비 2.7% 감소

(2015=100, %)

	'21년	1/4	5월	'22.1/4	4월P	5월P
기계류 내수출하	104.4	94.3	103.3	94.2	105.3	97.8	105.4
동 월 (기) 비	5.9	5.9	-1.9	-0.1	-0.8	-10.4	-2.7

□ 국내기계수주는 전기기계 등 공공(9.6%)에서 늘었으나, 기타운송장비 등 민간(-11.2%)에서 줄어 전년동월대비 10.0% 감소

(금액 전년동월대비, %)

	'21년	1/4	5월	'22.1/4	4월P	5월P
국 내 기 계 수 주	32.8	19.7	58.9	6.2	17.3	5.9	-10.0
- 공 공	54.2	-24.2	35.5	53.8	12.9	19.5	9.6
- 민 간	31.4	21.6	51.7	4.2	17.5	6.2	-11.2
- 제 조 업	46.9	42.7	97.0	6.9	10.9	3.0	-12.2
- 이 제 조 업	7.0	-6.5	14.6	10.8	31.1	10.3	-8.8

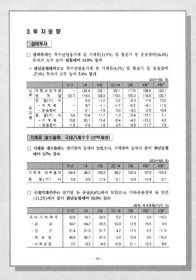

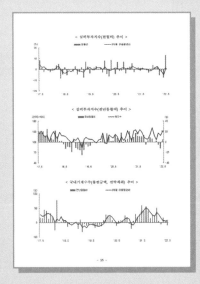

설비투자, 기계수주, 건설기성, 건설수주 등을 중심으로 월별 투자 동향을 파악할 수 있다.

4. 경 기 동 향

동행종합지수

□ 동행종합지수는 내수출하지수, 광공업생산지수 등은 감소했으나, 서비스업 생산지수, 건설기성액 등이 증가해 전월대비 0.2% 상승

□ 동행종합지수의 경기상황을 보여주는 동행종합지수 순환변동치는 전월대비 0.1p 상승

(2015=100, %)

	'21.10월	11월	12월	'22.1월	2월	3월P	4월P	5월P
ㅇ 동행종합지수(2015=100)[1]	119.1	119.5	119.5	120.4	120.5	120.8	120.7	121.0
- 전월비(%)	0.3	0.3	0.8	0.8	0.3	-0.0	-0.1	0.2
ㅇ 동행종합지수 순환변동치[2]	100.9	101.1	101.8	102.4	102.6	102.4	102.2	102.2
- 전월차(p)	0.1	0.2	0.7	0.6	0.2	-0.2	-0.3	0.1

1) 구성지표의 비경기적 요인(계절요인 및 불규칙요인)을 제거하여 종합한 지표
2) 동행종합지수에서 추세요인을 제거한 지표

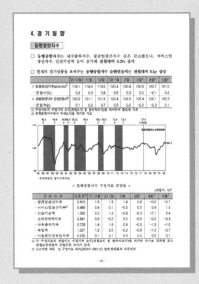

< 동행종합지수 구성지표 증감률 >

(전월대비, %p)

구 성 지 표	변동치	'21.12월	'22.1월	2월	3월P	4월P	5월P
· 광공업생산지수	0.819	1.5	1.8	1.4	-0.6	-0.5	-0.7
· 서비스업생산지수	0.489	0.4	-0.1	-0.5	0.2	0.8	1.5
· 건설기성액	1.392	2.2	1.3	-0.8	-2.3	-2.1	2.4
· 소매판매액지수	0.841	0.5	-0.2	0.0	-0.9	0.9	-0.1
· 내수출하지수	0.728	1.4	1.5	0.5	-0.3	-1.9	-1.0
· 수입액	1.021	1.2	2.5	-0.2	0.9	1.5	-0.5
· 비농림어업취업자수	0.226	0.1	-0.1	0.5	0.5	0.3	0.3

1) 각 구성지표의 변동치(비경기적 요인(계절요인 및 불규칙요인)을 제거하여 추세·순환치 또는 원계열 등 제표본계열)의 전월대비 차이가 많음
2) 도소매업 제외 및 구성지표 과거시점(2019년~2021년)에 일별 평균증감률 표준편차

선행종합지수

□ 선행종합지수는 코스피, 건설수주액은 감소했으나, 장단기금리차, 경제심리지수 등이 증가해 전월대비 0.4% 증가

□ 향후 경기국면을 예고해 주는 선행종합지수 순환변동치는 전월대비 0.1p 상승

(2015=100, %)

	'21.10월	11월	12월	'22.1월	2월	3월P	4월P	5월P
ㅇ 선행종합지수(2015=100)[1]	127.5	127.4	127.7	128.0	128.0	128.1	128.2	128.7
- 전월비(%)	-0.0	-0.1	0.2	0.2	0.0	0.1	0.1	0.4
ㅇ 선행종합지수 순환변동치[2]	100.4	100.4	100.2	100.1	99.8	99.6	99.6	99.4
- 전월차(p)	-0.4	-0.3	-0.2	-0.1	-0.3	-0.2	-0.2	0.1

1) 구성지표의 비경기적 요인(계절요인 및 불규칙요인)을 제거하여 종합한 지표
2) 선행종합지수에서 추세요인을 제거한 지표

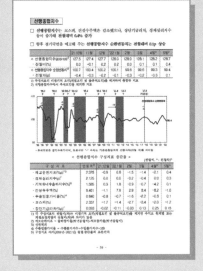

< 선행종합지수 구성지표 증감률 >

(전월대비, 전월차)

구 성 지 표	변동치	'21.12월	'22.1월	2월	3월P	4월P	5월P
· 재고순환지표[2]	2.375	-0.9	0.8	-1.5	-4.1	-2.1	0.4
· 경제심리지수[3]	2.125	0.0	0.0	-0.2	-0.4	0.0	0.3
· 기계류내수출하지수[4]	1.595	0.3	1.8	-0.9	-0.7	-4.2	0.1
· 건설수주액(%)	9.451	-1.1	7.9	2.9	8.4	-6.2	-1.0
· 수출입물가비율(%)[5]	0.840	-0.8	-1.6	-2.2	-0.8	-1.4	-0.7
· 코스피	2.337	-1.7	-1.4	-2.7	-3.4	-2.0	-1.7
· 장단기금리차	0.053	-0.02	-0.11	-0.03	0.13	-0.0	0.15

1) 각 구성지표의 변동치(비경기적 요인(계절요인 및 불규칙요인)을 제거하여 추세·순환치 또는 원계열 등 제표본계열)의 전월대비 차이가 많음
2) 재고순환지표
3) 경제심리지수
4) 수출입물가비율 = 수출물가지수÷수입물가지수×100
5) 구성지표 과거시점(2019년~2021년)에 일별 평균증감률 표준편차

동행종합지수, 선행종합지수, 광공업 및 서비스업 생산확산지수 등의 지표를 통해 매월 경기 동향을 파악할 수 있다.

산업활동 동향이란 무엇인가

경제는 경제활동에 참여하는 개인이나 집단의 구체적인 행동과 유기적인 상호작용 속에서 이루어진다. 경제활동을 전개하는 개인이나 집단을 '경제주체'라고 부르는데, 크게 가계, 기업, 정부, 외국으로 구분할 수 있다. 이 중에서도 주로 소비를 담당하는 가계와 생산을 담당하는 기업의 역할이 크다. 따라서 가계와 기업의 현재 상황을 살펴보는 것은 경제 현황을 파악하는 효과적인 도구가 된다. 그 유용한 지표가 바로 산업활동 동향이다.

통계청에서는 매월 말에 지난달의 산업활동 동향을 발표한다. 여기에는 우리나라 기업들이 재화를 생산해서 얼마나 팔았고(출하), 얼마나 남았는지(재고)를 보여준다. 또한 가계의 소비와 기업의 투자 동향 통계를 제시해준다. 그리고 경기종합지수를 작성하여 현재뿐만 아니라 미래의 경기를 전망할 수 있게 한다.

통계청에서는 월별 산업활동 동향을 한눈에 파악하기 쉽도록 그림을 통해 간단히 보여준다. [그림 2-1]은 통계청에서 발표한 2022년 5월 산업활동 동향이다.

이 그림에 따르면 2022년 5월에 우리나라 전체 산업생산이 전 월에 비해 0.8% 증가했다. 산업은 크게 광공업과 서비스업으로 구성되어 있는데, 광공업(주로 제조업) 생산이 전자부품 13.8% 하락 등으로 인해 0.1% 증가하는 데 그쳤다. 서비스업 생산은 1.1% 증가했다. 가계 소비를 나타내는 소매판매는 내구재가 상승하고 의복 등의 준내구재, 의약품 등의 비내구재가 감소하면서 전월보다 0.3% 줄었다. 이와 더불어 설비투자가 13% 증가했고, 건설투자(건설기성)는 5.9% 상승한 것으로 나타났다. 생산, 소비가 약보합 또는 감소로 경제활동이 다소 부진하다는 것을 보여주었다.

통계청은 생산, 소비, 투자 활동뿐만 아니라 경기종합지수도 작성하여 발표한다. 현재의 경기 상태를 나타내는 동행 순환변동치는 0.1포인트 상승했고, 앞으로 경기를 전망해볼 수 있는 선행 순환변동치도 0.1포인트 상승했다.

▶ 그림 2-1 2022년 5월 산업활동 동향

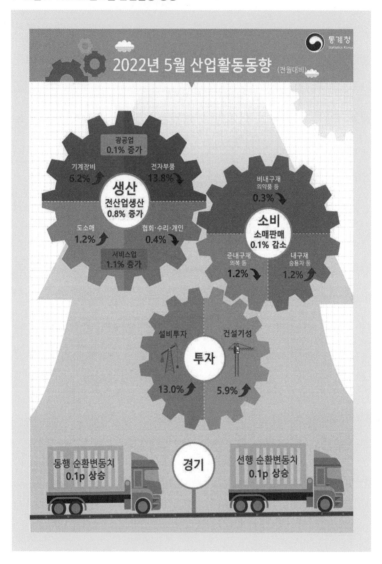

▶ 표 2-1 산업활동 주요 지표

			2021년				2022년			
			연간	1/4	4/4	5월	1/4	3월	4월p	5월p
생산	전 산업1)	전월(기)비	-	1.7	1.5	0.2	1.3	1.6	-0.9	0.8
		동월(기)비	4.9	2.7	5.7	7.0	4.0	3.4	4.4	7.1
	광공업	전월(기)비	-	3.7	1.1	-0.2	3.8	1.2	-3.3	0.1
		동월(기)비	7.4	4.7	6.4	15.1	4.7	3.7	3.5	7.3
	제조업 • 생산	전월(기)비	-	3.9	1.3	-0.4	3.9	1.2	-3.2	0.1
		동월(기)비	7.6	4.9	6.5	15.4	4.7	3.7	3.6	7.8
	• 출하		5.7	4.8	2.8	15.5	1.6	-0.1	0.1	4.3
	– 내수		2.9	3.6	0.1	9.1	-0.8	-3.2	-4.4	2.4
	– 수출		9.7	6.6	6.6	24.6	4.7	4.2	6.3	7.0
	• 재고2)		11.5	-3.8	11.5	-4.3	13.4	13.4	13.4	11.9
	평균 가동률3)		74.4	74.1	75.4	73.4	77.9	78.0	76.7	75.7
	생산능력		1.1	1.6	0.4	1.3	-0.8	-0.7	-0.7	-0.6
	서비스업	전월(기)비	-	0.6	1.5	-0.4	0.0	1.6	1.1	1.1
		동월(기)비	4.4	2.3	5.5	4.2	4.1	3.8	5.0	7.5
	도소매업 • 생산		4.0	3.0	4.2	3.2	3.0	2.7	2.5	5.5
	• 재고2)		4.4	-3.4	4.4	-4.9	0.0	0.0	-1.4	0.8
소비	소매판매	전월(기)비	-	1.7	1.1	-0.2	-1.1	-0.7	-0.2	-0.1
		동월(기)비	5.9	6.7	6.4	3.7	2.8	2.1	0.4	0.7
	– 내구재		5.5	19.1	0.5	3.4	-3.0	-4.3	-5.3	-3.3
투자	설비 설비투자	전월(기)비	-	6.0	-0.2	-1.2	0.2	-2.3	-7.6	13.0
		동월(기)비	9.6	12.4	6.2	11.7	-1.3	-5.4	-12.1	5.1
	국내 기계수주		32.8	18.7	35.8	59.9	6.2	17.3	5.8	-10.0
	건설 건설기성	전월(기)비	-	-5.2	4.1	-1.8	-1.9	1.4	-0.1	5.9
		동월(기)비	-6.7	-9.0	-2.9	-8.6	-1.5	-5.0	-2.3	8.2
	건설수주(경상)		9.6	26.7	-2.2	7.9	13.4	15.0	0.7	18.6

주: 1) 농림어업은 연간지수로 공표(2021년 이후는 농림어업을 제외한 수치임)
2) 기(월, 분기, 연)말 기준
3) 해당 월(기)의 평균 가동률

통계청의 산업활동 동향은 경제활동을 한눈에 볼 수 있도록 먼저 그림으로 제시한 다음 요약과 더불어 부문별로 상세한 통계를 제공한다. [표 2-1]은 통계청의 산업활동 중 꼭 알아야 할 사항을 요약한 것이다.

02

제조업과 서비스업의
생산 추이

앞에서 소개한 [표 2-1] '산업활동 주요 지표'를 보면 최근 1년 6개월 동안의 각종 경제지표 동향을 파악할 수 있다. 그러나 장기 추세에서 경제가 어떤 위치에 있는지는 알 수 없다. 이를 파악하려면 장기 데이터를 확보하여 그림으로 그려볼 필요가 있다. 이 데이터는 통계청 사이트 '국가통계포털KOSIS'(http://kosis.kr)에서 무료로 제공한다.

여기서 받은 통계로 제조업과 서비스업의 생산 추이를 보면 [그림 2-2]와 같다.

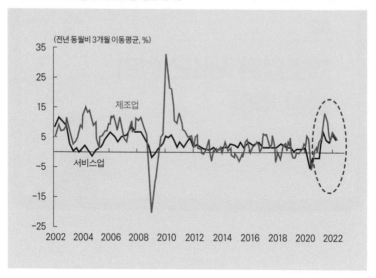

제조업은 식료품에서 화학제품, 자동차 등에 이르기까지 제품을 생산해내는 것으로 우리 국내총생산GDP의 27.8%를 차지한다 (2020년 기준). 한편 GDP의 62%를 차지하는 서비스업은 도소매 및 음식숙박업, 운수업, 금융 및 보험업, 교육서비스업, 공공행정 및 국방 등을 포함한다.

제조업 생산은 서비스업보다 변동성이 크다. 서비스업이 대부분 내수 산업인 반면, 제조업은 내수뿐만 아니라 수출에도 크게 의존하기 때문이다. 세계 경제 상황과 환율 변동에 따라 수출은 대폭 늘었다가도 감소할 수도 있어 제조업 생산 변동률이 높다. 2008년 말

▶ **그림 2-3 서비스업 전체와 음식 및 숙박업 생산 추이**

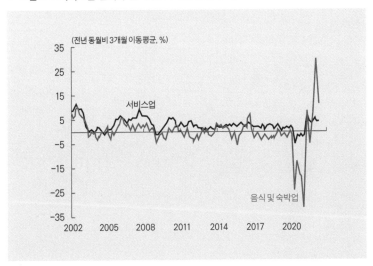

▶ **그림 2-4 음식 및 숙박업 생산 추이와 음식료 주가**

▶ 그림 2-5 서비스업 생산 추이와 금융업종 주가

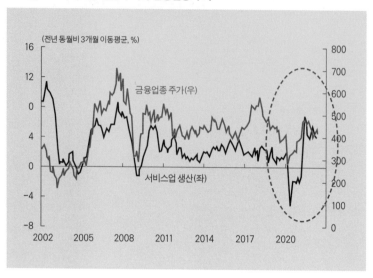

과 2009년 초에 제조업 생산이 큰 폭으로 감소했는데, 이것은 당시 미국에서 시작한 글로벌 금융위기가 전 세계로 확산되었고 이로 인해 수출이 대폭 줄어들었기 때문이다. 2020년에는 제조업과 서비스업 생산이 동반해서 급감했는데 이것은 코로나19 확산의 영향이다.

서비스업 활동 동향의 누적 데이터를 통해 서비스업 활동 동향과 서비스업 주가의 상관관계를 찾을 수 있다. 특징적인 양상으로 금융업종의 주가가 선행하는 모습을 발견할 수 있다.

03

재고율지수로 현재 경기를 판단한다

기업, 특히 제조업 경기가 좋은지 나쁜지를 직관적으로 파악하는 방법은 매우 간단하다. 제품이 얼마나 잘 팔려나가는지를 살펴보면 된다. 또 다른 방법도 있다. 창고에 제품이 얼마나 쌓여 있는지, 즉 재고가 얼마나 되는지를 파악하는 것이다. 물론 재고가 많다고 나쁜 것은 아니다. 제품이 잘 팔려나갈 때는 재고가 많이 쌓여 있는 것이 기업이 활성화되었다는 증거이기도 하다. 이처럼 제조업에서 재고 출하 순환이 어떻게 이루어지고 있는지를 통해서도 제조업의 경기 국면을 파악할 수 있다.

경기가 저점을 치고 회복 국면에 접어들면 물건이 잘 팔려 출하는 늘고 재고는 줄어든다. 경기가 활황 국면에서 소비 증가가 일어나면 출하가 크게 늘 뿐만 아니라 재고도 함께 증가하는 모습을 보인다. 제품이 잘 팔리는 것을 파악한 기업이 생산을 크게 늘리기 때문이다. 그러나 경기 후퇴 국면에 접어들면 출하가 점차 줄고 재고는 큰 폭으로 증가한다. 기업들이 활황 국면에서 미래를 낙관적으로 보고 생산을 크게 늘렸는데, 물건이 팔리지 않기 때문이다. 침체 국면에서는 생산활동이 크게 위축되면서 재고가 줄어든다. 물론 이 국면에서 출하 증가율은 가장 낮다. 이것을 간단히 정리하면 [표 2-2]와 같다.

통계청에서는 매월 재고 출하 순환도를 발표하여 제조업의 경기 국면을 판단할 수 있게 해준다. 그러나 재고 출하 순환도보다는 재고율지수 하나로 현재의 경기를 더 쉽게 알아볼 수 있다. 재고율지수란 제조업의 출하지수에 대한 재고지수의 비율(계절조정 재고지수 /

▶ **표 2-2 재고 출하 순환도**

경기 국면	출하	재고
회복 국면	증가	큰 폭 감소
활황 국면	큰 폭 증가	증가
후퇴 국면	감소	큰 폭 증가
침체 국면	큰 폭 감소	감소

▶ 표 2-3 재고율지수

지수		2021년 12월	2022년 1월	2월	3월	4월p	5월p
지수	계절조정계열	123.9	123.4	125.4	124.9	125.2	123.0
	원계열	122.4	125.2	127.1	124.2	125.1	124.2
증감률	전월(기)비	1.6	-0.4	1.6	-0.4	0.2	-1.8
	동월(기)비	11.5	11.5	12.8	13.4	13.4	11.9
재고/출하 비율*		113.3	111.8	115.8	114.5	117.4	114.5

주: * 제조업의 출하지수에 대한 재고지수 비율=(계절조정 재고지수/계절조정 출하지수)×100

계절조정 출하지수 × 100)이다. 재고율지수가 오른다는 것은 출하에 비해 재고가 상대적으로 더 많다는 것으로 경기 수축 국면에서 이런 현상이 나타난다. 반면 재고율지수 감소는 경기 확장 국면을 의미한다. 출하가 재고보다 더 빨리 증가하면서 기업들이 생산을 늘릴 수 있기 때문이다. 2022년 5월 기준 재고율지수는 114.5로 나타났다.

[그림 2-6]에서 보듯 2008년 12월에 재고율지수가 가장 높았다. 2016년 1월의 재고율지수는 128.4로 이후 2008년 12월 이후 최고치를 기록했다. 당시는 미국에서 시작한 경제위기가 전 세계로 확산되는 시기였다. 재고율지수가 높은 이유는 제조업들이 제품을 생산해놓았는데, 팔리지 않아 창고에 쌓여 있었기 때문이다. 이를 통해 보면 2016년 1월 제조업 경기는 매우 침체 국면이었다. 코로나19가

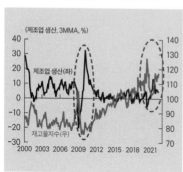

▶ 그림 2-6 재고율지수와 생산 관계

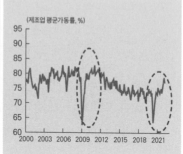

▶ 그림 2-7 제조업 평균 가동률 추이

전 세계로 확산되던 2020년 역시 재고율지수가 매우 높았다. [그림 2-7]에서 볼 수 있듯 재고율지수가 높았던 시점에는 제조업 평균 가동률이 매우 낮았다.

원론적으로 말하자면 재고가 줄어들어야 기업들이 생산을 늘리면서 경기가 회복 국면에 접어들 수 있다. 재고가 줄어들려면 국내나 국외에서 상품이 팔려야 한다. 내수와 수출이 증가해야 한다는 것이다.

재고율지수와 주가는 서로 다른 방향으로 움직이는 경향이 있다. 따라서 증권시장에 투자할 때는 재고율지수를 눈여겨봐야 한다. 재고율지수로 현재 경기를 판단할 수 있기 때문이다. 재고율지수 상승은 분모에 있는 출하지수보다 분자에 있는 재고지수가 상대적으로 더 빠르게 증가하는 것을 의미한다. 경기 수축 국면에서 이런 현상

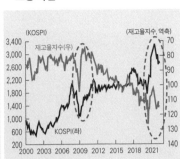

이 나타난다. 반면 경기 확장 국면에서는 재고율지수가 하락한다.

[그림 2-8]과 [그림 2-9]는 2000년부터 2022년 사이의 제조업 재고율지수와 제조업 주가지수 및 코스피의 관계를 보여준다. 재고율지수는 역축을 사용했다. 2008년 12월에는 세계 경제위기의 여파로 내수와 수출 부진으로 제조업의 출하가 줄어드는 가운데, 느린 생산 조정으로 재고가 증가하면서 재고율지수가 큰 폭으로 상승했다. 특히 2015년 6월에는 메르스 영향으로 재고율지수가 급증했다. 수준으로 보면 글로벌 금융위기 충격이 본격적으로 나타났던 2008년 12월과 비슷하다. 그러다 2009년 상반기에 기업들의 과감한 생산 조정이 있었고(2009년 1분기에 제조업 생산이 18.2%나 감소했다), 수출이 최악의 상황을 벗어나면서 재고율지수가 급락하고 주가가 상승했다.

코로나19 감염이 늘어나던 2020년 역시 재고율지수가 급등하면서 주가가 하락하는 현상을 보였다. 이후 감염병이 진정세로 들어가면서 재고율지수는 하락하고 주가는 상승세를 찾았다.

경기를 판단하는 또 다른 지표, 동행지수 순환변동치

현재의 경기를 판단하는 데 가장 중요한 지표 중 하나가 동행지수 순환변동치다. 동행지수 순환변동치는 동행지표에서 추세치를 제거한 후 경기의 순환만을 파악함으로써 현재 경기 국면을 정확하게 진단한 것이다. 시간 경과에 따라 자연스럽게 규모가 증가하는 추세분을 빼고 판단하여 순수한 경기변동에 접근할 수 있다.

여기서 동행지수는 현재의 경기를 나타내는 7개 지표로 구성된다. 비농림어업취업자수, 광공업생산지수, 건설기성액, 서비스업생산수지수, 소매판매액지수, 내수출하지수, 수입액이 그것이다. 1장

에서 살펴보았듯 이 지표에서 계절 요인과 불규칙 요인이라는 비경
기적 요인을 제거하는 'X-13ARIMA-SEATS' 방식을 적용하여 경
기종합지표를 만든다. 그리고 경기변동만을 보기 위해 여기서 추세
를 제거한 것이 동행지수 순환변동치다.

　[그림 2-10]에는 1970년 이후 통계청에서 발표하는 동행지수 순
환변동치 추이가 나타나 있다. 이 그림에서 볼 수 있는 것처럼 동행
지수 순환변동치 정점 혹은 저점이 통계청에서 발표하는 기준순환
일과 거의 비슷하다. 이는 곧 통계청에서 기준순환일을 결정할 때

▶ **그림 2-10 동행지수 순환변동치 추이**

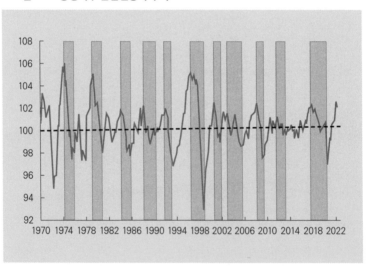

주: 어두운 부분은 경기 수축 국면
자료: 통계청

동행지수 순환변동치가 가장 중요하다는 것을 보여준다. 동행지수 순환변동치가 증가하는 추세이면 경기 확장 국면, 반대로 감소 추세이면 경기 수축 국면이라고 봐도 좋을 것이다.

그런데 2011년 하반기 이후로는 동행지수 순환변동치가 거의 변하지 않아서 이것으로 경기를 판단하기가 어려웠었다. 한국 경제가 구조적으로 저성장 국면으로 가는 과정에서 경기변동이 축소되었을 수도 있다. 아니면 통계청의 동행지수가 현재의 경기를 판단하는 데 유용하지 않을 수 있다는 의견도 나왔다. 그러나 2020년의 동행지수 순환변동치 급락은 이 지수와 경기의 관련성을 보여준다.

다가올 경기를 전망하는 선행지수 순환변동치

금융 투자자들은 실제 경제 상황의 전개보다 한발 앞서 움직이는 경향이 있다. 경기가 나빠질 것 같으면 현재 호황이라도 먼저 발을 빼고, 경기가 좋아질 것 같으면 지금 불황이더라도 매입에 나선다. 투자자들은 미래 경기를 예측하고 대응하는 데 민감하며 채권이나 주식 가격은 경기에 선행한다.

앞으로의 경기를 예측하는 데 효과적인 지표가 매월 통계청에서 발표하는 경기선행지수이다. 경기선행지수는 앞으로의 경기 흐름을 보여주는 9개 지표로 구성된다. 재고순환지표, 소비자기대지수, 기계류내수출하지수, 건설수주액, 수출입물가비율, 국제원자재가격지수, 구인구직비율, 코스피지수, 장단기 금리 차이다.

앞서 보았던 동행지수와 마찬가지로 여기에 들어가는 지표는 계절 및 불규칙 요인을 제거한다. 경제지표는 시간이 흐를수록 커지는 경향이 있으므로 편견 없이 경기순환을 보려면 추세 요인을 제거해야 한다. 선행지수에서 추세 요인을 제거하고 남은 것이 바로 선행지수 순환변동치다.

1995년 이후 선행지수 순환변동치는 경기 저점에 비해 5~6개월

▶ **그림 2-11 선행지수 순환변동치 추이**

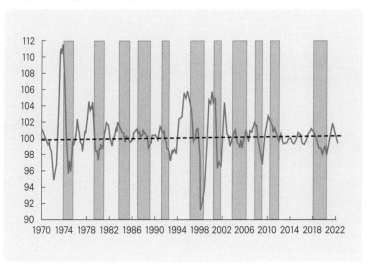

주: 어두운 부분은 경기 수축 국면
자료: 통계청

선행했고, 경기 정점에 비해서는 5~19개월 앞서갔다. [그림 2-11]에 그간의 선행지수 순환변동치가 제시되어 있다. 2013년부터 선행지수 순환변동치는 비교적 가파르게 상승하면서 경기 회복을 예고했다. 그러나 앞에서 보았던 현재의 경기 국면을 나타내는 재고율지수나 동행지수 순환변동치는 전혀 개선되지 못했다. 이렇게 보면 경기선행지수의 의미가 퇴색되지 않았나 하는 의문도 생길 수 있다. 선행지수와 동행지수 사이에 이런 괴리가 발생한 이유는 선행지수를 구성하는 지표에 기인한 것으로 보인다. 선행지수 구성요소에 국제원자재가격지수(역계열)가 포함되어 있는데, 그 당시 국제원자재가격이 에너지를 중심으로 폭락한 것이 선행지수가 큰 폭으로 증가하는 데 기여했을 것으로 추정된다.

'산업활동 동향' 지표로 보는 부의 흐름

☑ '산업활동 동향' 지표는 1개월간의 생산, 소비, 투자, 경기를 종합적으로 파악하게 해준다.

☑ 경기의 장기 추세를 파악할 때는 통계청에서 장기 데이터를 확보하여 분석한다.

☑ '재고율지수' 지표는 제조업 재고 상황과 추이에 따라 경기를 판단하는 데 쓰인다.

☑ 동행지수 순환변동치를 통해 현재 경기를 판단할 수 있다.

☑ 선행지수 순환변동치를 통해 앞으로의 경기를 전망할 수 있다.

3장

S

시간에 따른
경제 상황의 흐름:
국내총생산

한눈에 보는 **국내총생산 지표** 읽는 법

▶ 한국은행 웹사이트의 '커뮤니케이션' 메뉴에서 '보도자료'를 선택하고
'국내총생산'을 검색하면 지표 자료를 얻을 수 있다.

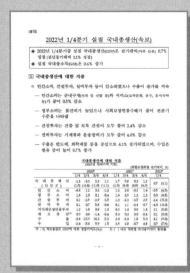

국내총생산(GDP)에 대한 요약과 개관을 제시한다.

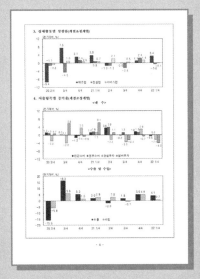

분기별 경제성장률 변화 추이와 경제활동별 성장률 등을 그래프로 보여준다.

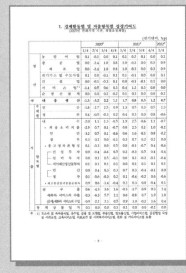

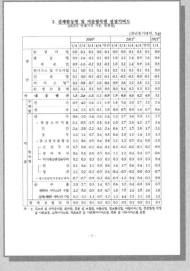

경제활동별, 지출항목별 성장 기여도를 계절조정계열과 원계열로 분석한다.

주요 경제활동별 성장률 추이와 주요 지출항목별 증감률 추이를 볼 수 있다.

통계표로서 경제활동별 국내총생산 추이를 계절조정계열과 원계열로 나타낸다.

통계표로서 국내총생산에 대한 지출 추이를 영역별로 나누어 나타낸다.

국민소득통계의 의의와 개념 등에 대해 덧붙여 설명한다.

01

GDP란 무엇인가

"한국은행이 2018년 우리나라의 경제성장률을 3.0%로 전망했다"는 등의 언론 기사를 자주 접한다. 그런데 구체적으로 무엇이 3.0% 성장한다는 것인지는 나와 있지 않다. 생략된 기준은 국내총생산GDP으로, 그중에서 실질 GDP이다.

명목 GDP는 해당 시점의 가격으로 평가하는데, 실질 GDP는 기준 연도의 가격으로 서비스와 재화의 가격을 계산한다. 즉 가격이 변함 없다는 가정에서 생산량의 변동만을 측정한다. 따라서 실질 GDP는 경제성장과 물가변동 등의 경제 상황이 시간 경과에 따라 어떻게 변하는지를 살펴보는 데 효과적이다. 한국은행이 자주 발표하는 경제성장률 전망치는 이러한 실질 GDP의 성장률을 의미한다.

한국은행에서 분기별로 발표하는 GDP는 통계청의 산업활동 동향과 더불어 경기를 종합적으로 판단하는 중요한 지표이다. GDP가 어떻게 작성되며, 경기 판단에 어떻게 이용되는지를 살펴보자.

GDP는 한 나라의 가계, 기업, 정부 등의 모든 경제주체가 일정기간에 새롭게 생산한 재화와 서비스의 가치를 금액으로 평가하여 합산한 것이다. 따라서 GDP는 한 나라의 경제 상황을 종합적으로 파악할 수 있는 유용한 정보를 제공해준다. 생산, 지출, 분배 측면에서 각각 작성되는데, 최종적으로 산출된 GDP 금액이 모두 똑같으므로 '국민소득 삼면등가三面等價의 원칙'이 적용된다. 먼저 생산 측면에서 GDP를 보자.

생산 측면에서의 GDP: 각 사업에서 창출한 부가가치의 총합

생산 측면에서 GDP는 경제활동별로 창출한 부가가치의 합이다. 한국은행은 경제활동을 하는 경제주체를 [표 3-1]처럼 분류한다.

생산 측면에서 국내총생산을 작성하는 방법을 간단한 예를 통해 알아보자. 밀 재배업자가 밀 200원어치를 생산했다. 이를 제분업자가 밀가루로 만들어 300원이 되었다면 300원에서 200원을 차감한 100원의 부가가치가 창출된 것이다. 현재 한국에서는 부가가치세

▶ 표 3-1 경제활동별 부가가치 창출 주체

• 농림어업	• 부동산 및 임대업
• 광업	• 정보통신업
• 제조업	• 사업서비스업
• 전기, 가스 및 수도사업	• 공공행정 및 국방
• 건설업	• 교육서비스업
• 도소매 및 음식숙박업	• 보건 및 사회복지서비스업
• 운수 및 보관업	• 문화 및 기타 서비스업
• 금융 및 보험업	

자료: 한국은행

10%를 부과하고 있는데, 여기에 매기는 세금이다. 다음 단계에서 제빵업자가 300원의 밀가루를 구매하여 450원어치의 빵을 만들어 냈다면 여기서 부가가치가 또 150원 추가되었다. 최종적으로 소매업자가 이 빵을 가져다가 600원에 팔았다면 다시 150원의 부가가치가 발생한 셈이다. 이 경우 GDP는 최종생산물(빵 소매업)의 시장가

▶ 표 3-2 생산 측면에서의 국내총생산(예시)

생산 단계별 산업	매출액	타 산업으로부터의 매입액	부가가치 = 생산 (임금, 이윤, 임대료 등)
밀 재배업	200	0	200
제분업	300	200	100
제빵업	450	300	150
빵 소매업	600	450	150
계	1,550	950	600

치 600원이 된다. 이는 각 산업에서 창출한 부가가치의 합(= 밀 재배업 200원 + 제분업 100원 + 제빵업 150원 + 빵 소매업 150원 = 600원)과 똑같다.

지출 측면에서의 GDP: 최종생산물의 처분 과정 소개

앞서 제시한 예에서 발생한 국민총생산GDP은 각 경제주체가 지출한 것과 똑같다. 즉 각 경제주체가 벌어들인 돈을 합하면 1,550원이고 타 산업으로부터 매입한 금액은 950원이므로 실제 지출액은 600원이 된다.

일정 기간에 생산된 모든 재화는 각 경제주체에 의해 구매된다. 여기서 지출 주체는 민간(C)과 정부(G)의 소비지출, 주로 기업의 투자가 차지하는 총고정자본형성(I), 그리고 재화와 서비스의 수출(X)과 수입(M)으로 구성된다. 우리가 흔히 경제학 교과서에서 보았던 'GDP = C + I + G + X − M'이다.

여기서 소비지출은 재화와 서비스에 대한 가계의 지출을 의미한다. 재화는 크게 내구재와 비내구재로 분류한다. 내구소비재는 자동차, 가전제품 같은 수명이 긴 재화이고, 비내구소비재는 의류, 침구류, 식료품 등 수명이 짧은 재화이다. 또한 서비스는 소비지출의 가장 큰 부분을 차지하는데, 여기에는 교육 서비스, 이발 서비스, 택시 승차 등이 포함된다.

1) 최종소비지출 　• 민간 　　- 가계 　　- 가계에 봉사하는 비영리단체 　• 정부 2) 총자본 형성 　• 총고정자본 형성 　　- 건설투자 　　- 설비투자 　　- 지식재산생산물투자 　• 재고 증감 및 귀중품 순취득	3) 재화와 서비스 수출 4) (공제)재화와 서비스 수입 5) 통계상 불일치

자료: 한국은행

　투자는 기업의 고정투자, 가계의 거주투자와 재고투자로 분류된다. 기업의 고정투자는 새로운 자본재의 구매를 가리킨다. 예를 들면 기업이 공장을 짓거나 사무실을 마련하고 생산설비를 위해 지출하는 경우이다. 거주투자는 새로운 주택과 아파트의 건설을 가리킨다. 이외에 재고투자는 판매되지 않은 재화, 즉 기업의 재고의 변화량을 가리킨다. 이러한 재화들은 생산되었으나 아직 판매되지 않았다. 재고투자는 증가하거나 감소할 수 있다. 재고투자가 감소했다는 것은 연초 재고보다 연말 재고가 적을 때를 의미한다.

　정부 지출은 중앙 및 지방 정부의 최종 재화와 서비스에 대한 지출을 의미한다. 예를 들면 공무원의 월급, 교육사업, 관공서 비품 구입 등이 정부 지출에 포함된다.

수출은 국내에서 생산되어 국외로 판매된 최종 재화와 서비스를 의미한다. 수출은 국내에서 이용 가능한 재화의 양을 감소시킨다. 수입은 외국에서 생산된 재화와 서비스를 국내 구매자가 구매한 것이다. 수입은 소비, 투자, 정부 지출이 될 수 있다. 수입은 국내에서 이용 가능한 재화의 양을 증가시킨다. 수출에서 수입을 뺀 것을 순수출이라 한다.

분배 측면에서의 GDP: 부가가치의 배분 내역 추계

재화나 서비스가 판매되면 그 수입은 근로자나 기업주 혹은 자본 제공자 등에게 분배된다. 노동을 제공한 사람은 임금(피용자 보수)을 받고, 자본을 제공한 사람은 이자나 배당금, 기업 경영자는 이윤(영업잉여)을 받는다. 나머지는 생산 및 수입세 등으로 분배되는데, 분배 내역은 [표 3-4]와 같다.

▶ 표 3-4 분배국민소득 분류

1) 피용자 보수	5) (공제)보조금
2) 영업잉여	6) 국외 순수취 요소소득
3) 고정자본 소모	• 국외 순수취 피용자 보수
4) 생산 및 수입세	• 국외 순수취 기업 및 재산소득

자료: 한국은행

▶ 그림 3-1 1인당 국민소득 추이

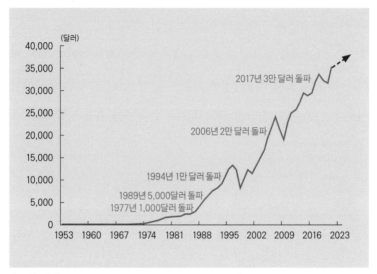

자료: 한국은행

02

지출 측면에서 바라본 GDP의 측정

앞에서 GDP를 생산, 지출, 분배 측면에서 어떻게 작성하는지를 살펴보았다. 이 중에서도 우리가 가장 쉽게 접근할 수 있는 GDP는 지출 측면에서의 GDP이다. [표 3-5]는 2020년 1분기~2022년 1분기 한국의 실질 GDP 금액을 국내총생산에 대한 지출 측면으로 파악한 것이다.

[표 3-6]을 보면 2021년 한국의 실질 GDP는 약 1,900조 원이었다. 이 중 민간소비는 약 880조 원으로 GDP의 46.3%를 차지한다. 한국 경제를 가리켜 수출 의존도가 높다고 하는데, 국내총생산에서

▲ 표 3-5 국내총생산에 대한 지출(2015년 연쇄가격 기준)

(계절조정계열 전기 대비, 십억 원)

| | 2020[p] | | | | 2021[p] | | | | 2022[p] |
	1/4	2/4	3/4	4/4	1/4	2/4	3/4	4/4	1/4
최종소비지출 Final consumption expenditure	290,424.1	293,709.5	294,194.3	291,074.3	294,910.3	305,727.9	306,372.6	311,081.7	309,945.4
민간 Private	210,904.7	213,410.5	213,778.8	210,978.1	213,544.5	221,145.5	220,702.7	224,315.6	223,208.8
(가계) (Households)	202,676.0	205,262.1	205,542.3	202,485.4	205,446.7	212,682.5	212,105.8	215,558.2	214,780.3
정부 Government	79,270.0	80,050.4	80,167.1	79,833.8	81,092.0	84,290.8	85,347.5	86,446.1	86,413.0
총자본형성 Gross capital formation	142,080.6	143,722.9	137,461.7	138,175.1	143,096.4	143,714.8	140,559.3	140,905.4	138,769.0
총고정자본형성 Gross fixed capital formation	138,526.5	137,333.2	137,214.8	139,655.4	143,147.1	142,524.1	139,369.3	141,399.4	138,803.6
(건설투자) (Construction)	68,217.1	66,252.1	63,671.0	65,916.0	66,795.7	65,264.6	62,959.1	64,788.1	63,228.4
(설비투자) (Facilities)	40,244.4	40,542.5	42,894.6	42,620.0	45,238.6	45,748.3	44,632.9	44,338.8	42,557.6
(지식재산생산물투자) (Intellectual property products)	29,983.5	30,511.7	30,756.9	31,170.2	31,245.2	31,689.9	31,956.7	32,400.2	33,066.7

항목									
재고증감 및 귀중품 순취득 Changes in inventories and acquisitions less disposals of valuables	4,895.2	7,743.5	1,547.7	-170.9	1,266.4	2,524.0	2,494.2	799.1	2,199.3
재화와 서비스의 수출 Exports of goods and services	198,696.7	167,188.0	194,414.7	204,716.3	208,811.5	204,704.6	208,302.2	218,724.5	227,595.8
재화 Goods	173,502.4	145,368.0	171,665.3	180,906.5	184,615.2	179,570.8	181,821.9	192,341.5	199,523.1
서비스 Services	25,312.9	21,886.6	22,967.2	24,046.9	24,497.6	25,296.1	26,560.3	26,600.9	28,208.0
(공제)재화와 서비스의 수입 (less)Imports of goods and services	167,443.2	157,704.8	167,043.7	169,533.6	174,387.1	179,354.0	178,128.8	186,755.0	188,117.8
재화 Goods	133,998.1	128,180.9	136,679.2	138,949.0	146,344.6	148,747.6	149,759.8	157,182.6	158,850.4
서비스 Services	33,418.4	29,435.4	30,241.7	30,452.4	28,034.3	30,563.8	28,366.0	29,572.6	29,324.2
통계상 불일치 Statistical discrepancy	-124.2	21.9	-102.2	404.1	772.7	926.6	782.5	219.2	360.0
국내총생산에 대한 지출 Expenditure on gross domestic product	463,853.2	449,238.4	459,271.8	464,517.7	472,602.2	476,244.6	477,726.5	483,565.5	487,105.2

재화와 서비스 수출이 차지하는 비중이 44.2%에 이르는 것을 파악할 수 있다.

이 표를 바탕으로 각 부문의 GDP 기여율과 기여도를 계산할 수 있다. 각각의 계산 공식은 다음과 같다.

기여율=각 부문 증감액 / GDP 증감액 × 100

기여도=각 부문 증감액 / GDP × 100(=각 부문 기여율 × 경제성장률)

민간소비 기여도는 1.7%p로 계산되었는데, 이는 2021년 경제성장률(GDP 증가율) 4.0% 중에서 민간소비가 1.7%p를 차지한다는 의미다.

GDP를 구성하는 각 부문 기여도를 합하면 그해의 성장률이 된다. 한편 기여율을 합하면 100이 되고, 2021년의 성장률은 4.0%였다.

▶ 표 3-6 수요 측면에서 GDP 구성비와 기여도(2021년)

(단위: 조 원, %, %p)

	총소비	민간소비	정부소비	건설투자	설비투자	총수출	GDP
2020	1,171.6	851.0	319.7	269.3	166.6	766.1	1,839.5
2021	1,221.3	882.5	337.7	265.0	181.6	849.1	1,915.8
비중	63.8	46.1	17.6	13.8	9.5	44.3	100.0
기여도	2.7	1.7	1.0	-0.2	0.8	4.52	4.1

자료: 한국은행

03

GDP의 발표

GDP는 한국은행에서 분기별과 연간으로 작성하여 발표한다. 분기 실질 국민소득통계의 속보치는 해당 분기 종료 후 28일 이내에, 분기 실질 및 명목 국민소득통계의 잠정치는 해당 분기 종료 후 70일 이내에 발표한다. 연간 국민계정통계는 잠정의 경우 해당 연도 종료 후 3개월 내, 확정의 경우는 익익년 3월에 공표한다.

GDP 발표는 계절조정 이전의 원계열의 전년 동기 대비 증가율과 계절조정계열의 전기 대비 증가율을 생산 측면과 지출 측면으로 나누어 발표한다. 원계열과 계절조정의 차이에 대해서는 1장에서 이

미 설명했다.

먼저 경제활동별 국내총생산을 분기별로 표시한 것을 보면 [표 3-7]과 같다. 2015년 연쇄가격을 기준으로 계절조정계열 전기 대

▶ 표 3-7 경제활동별 국내총생산(2015년 연쇄가격 기준)

(계절조정계열 전기 대비, %)

	2020ᵖ					2021ᵖ				
	연간	1/4	2/4	3/4	4/4	연간	1/4	2/4	3/4	4/4
국내총생산 (GDP)	-0.9	-1.3 (1.5)	-3.2 (-2.6)	2.2 (-1.0)	1.1 (-1.1)	4.0	1.7 (1.9)	0.8 (6.0)	0.3 (4.0)	1.1 (4.1)
농림어업	-4.0	3.4	-8.6	0.0	4.3	2.7	7.5	-12.7	8.9	1.3 (3.7)
제조업	-0.9	-0.1	-9.4	7.5	3.1	6.6	3.8	-1.3	0.0	1.1 (3.6)
전기가스수도사업	4.2	6.6	-1.5	-2.6	3.9	4.7	5.9	-4.1	1.9	-0.8 (2.7)
건설업	-1.4	0.2	-1.1	-4.5	1.4	-2.2	0.9	-1.3	-2.4	2.2 (-0.6)
서비스업¹⁾	-1.0	-2.5	-0.8	1.0	0.6	3.7	0.7	2.1	0.5	1.3 (4.8)
(도소매 및 숙박음식)	-5.7	-5.5	-3.0	1.2	0.0	3.2	1.5	1.6	-0.9	4.2 (6.6)
(운수업)	-15.1	-11.3	-7.8	2.9	-2.7	5.2	1.5	9.7	-2.7	2.0 (10.6)
(금융 및 보험업)	9.1	2.5	2.7	2.4	2.3	6.1	2.6	-2.7	3.4	0.4 (3.7)
(정보통신업)	3.2	3.3	-0.4	-2.6	2.8	6.1	2.2	1.3	2.5	2.7 (9.4)
(문화 및 기타)	-18.7	-16.2	-7.3	2.8	-0.6	2.5	-2.3	8.0	-1.5	3.4 (7.4)
국내총소득 (GDI)	-0.2	-0.7 (-0.5)	-1.9 (-1.8)	2.6 (0.7)	0.8 (0.9)	3.0	1.8 (3.4)	-0.5 (4.8)	0.3 (2.5)	-0.5 (1.4)

주: 1) 도소매 및 숙박음식업, 운수업, 금융 및 보험업, 부동산업, 정보통신업, 사업서비스업, 공공행정 국방 및 사회보장, 교육서비스업, 의료보건 및 사회복지서비스업, 문화 및 기타 서비스업 포함
2) ( ) 내는 원계열 전년 동기 대비 증감률

비, %로 나타냈으며, ( ) 안에는 원계열 전년 동기 대비 증감율을 기록했다.

▶ 표 3-8 지출항목별 및 경제활동별 국내총생산의 연간 성장률

(전년 대비, %)

	2016	2017	2018	2019	2020p	2021P
국내총생산(GDP)	2.9	3.2	2.9	2.2	-0.9	4.0
민간소비	2.6	2.8	3.2	2.1	-5.0	3.6
정부소비	4.4	3.9	5.3	6.4	5.0	5.5
건설투자	10.0	7.3	-4.6	-1.7	-0.4	-1.5
설비투자	2.6	16.5	-2.3	-6.6	7.1	8.3
지식재산생산물투자	4.0	6.5	4.4	3.1	4.0	3.9
재고증감1)	-0.1	0.4	0.3	0.0	-0.6	-0.3
수 출	2.4	2.5	4.0	0.2	-1.8	9.7
수 입	5.2	8.9	1.7	-1.9	-3.3	8.4
농림어업	-5.6	2.3	0.2	3.9	-4.0	2.7
제조업	2.3	3.7	3.3	1.1	-0.9	6.6
전기가스 및 수도업	-1.2	6.2	-1.7	4.3	4.2	4.7
건설업	9.8	5.9	-2.8	-2.6	-1.4	-2.2
서비스업2)	2.9	2.6	3.8	3.4	-1.0	3.7
국내총소득(GDI)	4.4	3.3	1.6	-0.1	-0.2	3.0

주: 1) 재고증감은 GDP에 대한 성장기여도 기준(%p)
2) 도소매 및 숙박음식업, 운수업, 금융 및 보험업, 부동산업, 정보통신업, 사업서비스업, 공공행정 국방 및 사회보장, 교육서비스업, 의료보건 및 사회복지서비스업, 문화 및 기타 서비스업 포함

지출항목별 및 경제활동별 국내총생산의 연간 성장률은 [표 3-8]에 상세히 나와 있으며, 이를 통해 연도별 국내총생산의 흐름을 알수 있다.

04

그 외 알아야 할 국민소득 관련 지표들

명목 국내총생산 nominal Gross Domestic Product, GDP valued at current prices

경제규모 등의 파악에 이용되는 지표로서 국내에서 생산된 최종 생산물의 수량에 그때의 가격을 곱하여 산출하므로 명목 GDP의 변동분은 최종생산물의 수량과 가격 변동분이 혼재되어 있다. 국내라는 뜻은 한 나라의 경제적 영역economic territory 내를 의미하며, 이는 지리적 영역geographical territory에 기초하지만 반드시 일치하는 것은 아니다.

물가가 상승하는 경우에는 기준 연도 이후에는 명목 GDP가 실질 GDP보다 규모가 더 크다. 현재 우리나라 GDP는 2010년 기준가격을 사용하고 있다. 예를 들면 2014년 명목 GDP는 1,485.1조 원으로 실질 GDP(1,426.5원)보다 크다. 이 차이만큼 물가(GDP 디플레이터)가 상승한 것이다.

그런데 1990년 이후 일본과 같이 명목 GDP가 실질 GDP보다 작은 경우도 있다. 물가가 하락하면 이런 경우가 발생한다. 가계가 물가의 지속적인 하락을 기대하면 필수재가 아닌 이상 소비지출을 미래로 미룬다. 미래 어느 시점에서 상품을 더 싸게 살 수 있을 것이라고 기대하기 때문이다. 이런 식으로 가계가 소비지출을 미루면 기업의 매출과 이익이 감소하고 기업은 고용을 줄이게 된다. 고용 감소는 다시 소비를 위축시켜 물가를 더 떨어뜨린다. 이런 현상이 반복되는 경제를 디플레이션 함정에 빠졌다고 하는데, 1990년 이후의 일본 경제가 여기에 해당한다. 2008년 글로벌 금융위기 이후 미국 등 선진국이 양적 완화를 통해 과감하게 돈을 찍어냈는데, 이는 일본식 디플레이션에 빠지지 않겠다는 의도에서 비롯되었다.

실질 국내총소득real Gross Domestic Income

국내에서 생산된 최종생산물의 실질 구매력을 나타내주는 지표이다. 명목 GDP로부터 개별 상품의 절대가격 변화에 따른 변동분을 제거한 것이 실질 GDP(물량 측정치)가 되며, 실질 GDP에서 교환되는 상품 간 상대가격 변화에 따른 구매력의 변동분(실질 거래손익)을 조정하여 실질 GDI(구매력 측정치)를 구한다.

상대가격 변화에 따른 실질 거래손익은 거주자 간의 거래에서는 거래손실과 거래이익이 서로 상쇄되므로 거주자와 비거주자 간의 거래, 즉 무역에서만 발생한다. 따라서 이것을 교역 조건 변화에 따른 실질 무역손익이라 한다(실질 GDI = 실질 GDP + 교역 조건 변화에 따른 실질 무역손익).

실질 국민총소득real Gross National Income

우리나라 국민이 국내를 비롯해 국외에서 벌어들인 소득의 실질 구매력을 나타내는 지표이다. 실질 GDI에 외국인이 국내에서 벌어 간 실질 소득은 차감하고 우리 국민이 국외에서 벌어들인 실질 소득은 더하여 산출한다.

명목 국민총소득nominal Gross National Income

1인당 국민소득, 국가 경제규모 등을 파악하는 데 이용되는 지표이다. 우리나라 국민이 국내와 국외에서 생산활동에 참여한 대가로 벌어들인 명목 총소득을 의미하며, 명목 GDP에 명목 국외 순수취요소소득을 더하여 산출(종전의 명목 GNP)한다.

▶ **표 3-9 경제규모 및 1인당 국민소득**

(당해년도 가격 기준)

	단위	2018	2019	2020	2021P
국내총생산(GDP)	조 원	1,898.2	1,924.5	1,940.7	2,071.7
	억 달러	17,252	16,510	16,446	18,102
1인당 GNI	천 원	36,930	37,539	37,766	40,482
	달러	33,564	32,204	32,004	35,373
1인당 PGDI	천 원	19,874	20,474	21,185	22,317
	달러	18,063	17,565	17,953	19,501

자료: 한국은행

▶ **표 3-10 총저축률 및 투자율**

	2018	2019	2020	2021P
총저축률	35.9	34.7	36.0	36.3
민간	27.8	27.7	32.5	31.4
가계*	6.8	7.4	11.1	10.5
기업	21.0	20.4	21.4	20.9
정부	8.2	6.9	3.5	4.9
가계 순저축률	6.1	6.9	12.4	11.6
국내 총투자율	31.5	31.3	31.7	31.8
민간	27.0	26.3	26.4	26.9
정부	4.4	5.0	5.2	4.9

주: * 가계에 봉사하는 비영리단체 포함
자료: 한국은행

1인당 국민소득 GNI

국민의 생활수준을 나타내는 지표이다. 연간의 명목 국민총소득을 추계인구(매년 7월 1일 기준)로 나누어 구하며, 국제 비교를 위해 미 달러화(연평균 환율 적용)로도 표시한다.

국민총처분가능소득 Gross National Disposable Income

소비율, 투자율, 저축률 등의 산정에 이용되는 지표이다. 국민이 소비나 저축으로 자유로이 처분할 수 있는 총소득으로 GNI에 국외 순수취 경상이전을 더하여 산출하며 일반적으로 명목지표만 편제한다.

가계총처분가능소득 Personal Gross Disposable Income

가계 및 가계에 봉사하는 민간 비영리단체가 임의로 처분할 수 있는 소득으로 제한적이나마 가계의 구매력을 나타내는 지표이다.

이렇게 국민소득과 관련한 다양한 통계의 정의는 다음과 같이 요약해볼 수 있다.

● 국민 소득 관련 통계의 정의 ●

- 명목 GDP = 최종생산물 수량 × 그때의 가격

- 실질 GDP = 최종생산물 수량 × 기준 연도(현재 2010년) 가격

- 국내총소득, GDI(Gross Domestic Income)
  = GDP + 교역 조건 변화에 따른 실질 무역손익

- 국민총소득, GNI(Gross National Income)
  = GDI - 외국인이 국내에서 벌어간 실질 소득 + 우리 국민이 외국에서
  벌어들인 실질 소득

- 국민순소득, NNI(Net National Income) = GDP - 고정자본소모

- 국민총처분가능소득, GNDI(Gross National Disposable Income)
  = NNI - 국외 순수취 경상이전

- 총저축률(%) = (저축 / 국민총처분가능소득) × 100

- 총투자율(%) = (총투자 / 국민총처분가능소득)

- 총투자율 = 국내투자율 + 국외투자율

- 저축 - 투자 = 수출 - 수입(저축이 투자보다 많으면 경상수지 흑자)

- 1인당 GNI = 명목 GNI / 인구수

- GDP 디플레이터(Deflator): 명목 GDP를 실질 GDP로 나눈 것으로 한
  나라의 총체적 물가 수준

05

잠재 GDP와 실제 GDP의 차이, 산출물 갭

한국은행은 매월 「통화정책방향」을 발표한다. 국내와 세계 경제의 전반적 상황, 소비자물가와 금융시장 현황 등을 개관하고 이에 따라 한국은행 기준금리에 어떠한 변화를 줄지를 밝히는 내용이다.

「통화정책방향」에는 'GDP Gap'이라는 단어가 자주 나온다. 이것은 '산출물 갭'을 의미하는데, 잠재 GDP와 실제 GDP의 차이를 나타낸다. 잠재 GDP는 한 나라 경제가 '인플레이션을 유발하지 않고 성장할 수 있는 능력' 혹은 '노동과 자본 등 생산 요소를 완전히 투입했을 때 생산할 수 있는 능력' 등으로 정의된다. 실제 GDP가 잠

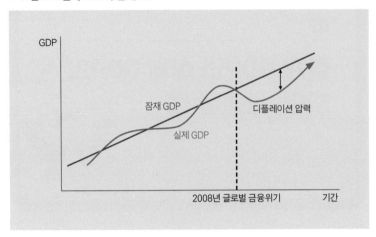

재 GDP 아래 있을 때 그 경제에 디플레이션 압력이 존재한다고 하면 정부가 지출을 늘리든지, 아니면 중앙은행이 금리 인하와 통화 공급 확대를 통해 총수요를 부양하게 된다. 반대로 실제 GDP가 잠재 GDP 위에 있을 때는 인플레이션 압력이 존재한다. 이 경우에는 재정 및 통화 정책을 긴축적으로 운용한다.

일반적으로 실제 GDP는 잠재 수준 이상 혹은 이하로 가는 것을 반복하면서 경기순환을 한다. 2008년 글로벌 경기 이후 총수요가 위축되면서 세계 주요국의 실질 GDP가 잠재 GDP 이하로 떨어졌다. 그래서 미국을 중심으로 한 선진국들이 정부 지출을 적극 늘리거나 제로금리에서 양적 완화를 단행하면서 소비와 투자 등 수요를

▶ 그림 3-3 한국의 잠재 성장률과 실제 성장률 비교

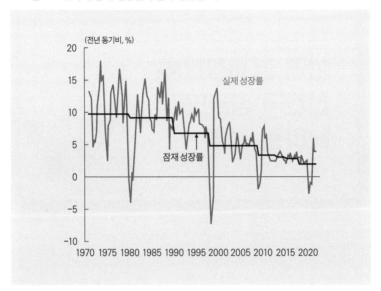

자료: 한국은행(잠재 성장률은 필자 추정)

늘렸다. 그 결과 주가와 집값 등 자산 가격이 상승하고 소비가 증가
하면서 디플레이션 압력이 줄어들었다.

2021년에는 우리나라 실제 GDP가 잠재 GDP를 약간 넘어섰다.
그 뒤로 물가가 오르기 시작했기 때문에 한국은행은 기준금리를
2021년 7월 0.50%에서 2022년 7월에는 2.25%까지 인상했다.

06

한국 경제성장률, 선진국 평균보다 낮아질 전망

2022년 4월 국제통화기금(IMF)은 「세계경제전망」을 발표했다. IMF는 2022년 한국 경제가 2.5% 성장할 것으로 내다보았는데, 이는 세계 경제 평균 성장률(3.6%)뿐만 아니라 3.3%로 예상되는 선진국 경제성장률보다 낮은 수치다. 이를 반영하여 머지않아 우리 금리가 미국보다 낮은 시대가 도래할 전망이다.

우리 경제는 1980년에서 2009년까지는 연평균 7.0% 성장했다. 같은 기간 세계 경제 평균 성장률인 3.4%보다 2배 이상 높은 수치다. 그러나 2010년에서 2021년까지 한국 경제의 평균 성장률은 3.0%로 세계 평균 성장률(3.3%)을 밑돌았다. IMF는 2022년과 2023년 한국의 평균 성장률이 2.7%로 미국(3.0%)은 물론 선진국(2.9%)보다 더 낮아질 것으로 전망했다.

한국의 경제성장률이 선진국보다 낮아지는 현상은 일시적이 아니라 구조적일 수 있다. 그만큼 한국의 잠재 성장률이 떨어지고 있다는 이야기다. 우리 잠재 성장률이 낮아지는 이유는 우선 노동 감소에 있다. 2020년부터 생산가능인구로 분류되는 15~64세 인구가 감소세로 전환되었으며 앞으로 감소 폭이 더 확대될 전망이다. 여기다가 자본스톡도 상당 부분 축적된 상태이기 때문에 늘어나는 속도가 줄고 있다. 또한 잠재 성장을 결정하는 총요소생산성도 정체되고 있다. 현재 잠재 성장률이 2% 안팎으로 추정되고 있는데, 2021년 7월 한국금융연구원은 우리 잠재 성장률이 2030년에는 1.0%, 2040년에는 0.8%로 더 떨어질 것으로 전망했다.

미국 의회예산국 추정에 따르면 미국의 올해 잠재경제성장률은 2%이고, 2030년에도 1.7%이다. 앞으로 한국 경제성장률이 미국보다 낮은 시대가 도래할 것이라는 의미다. 이는 금융시장에 많은 것을 시사한다. 우선 시장금리가 미국보다 낮아질 가능성이 높다. 시장금리에는 미래의 물가상승률뿐만 아니라 경제성장률이 들어있다. 미국 잠재 성장률이 한국보다 높은 시대가 오면 금리도 이를 반영할 것인데, 장기금리에 이런 현상이 먼저 나타날 전망이다. 최근 한국의 10년 국채 수익률이 3.3% 안팎으로 미국(2.9%)보다 높다. 그러나 빠르면 내년부터 경제성장률 차이를 반영하여 미국 금리가 한국보다 더 높아질 것으로 예상된다.

2021년 외국인들이 우리 상장주식을 24조 9,300억 원 순매도했지만, 상장 채권은 64조 5,360억 원 순매수했다. 2022년 들어서도 외국인들이 우리 주식은 팔고 채권은 계속 사들이고 있다. 한국의 10년 국채 수익률이 미국보다 0.7%p 정도 높았기 때문에 채권을 살 유인이 있었던 것이다. 그러나 최근 그 격차가 축소되고 있고, 내년

▶ **그림 3-4 한국과 세계 경제성장률 비교**

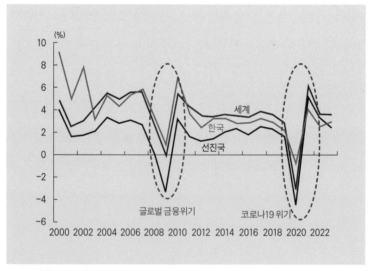

주: 2023~2024년은 전망치
자료: IMF(2022. 4)

에는 역전될 수도 있다. 그렇게 되면 채권시장으로 미국계 자금 유입은 줄어들고, 이는 외환시장 안정을 해치는 요인으로 작용할 전망이다.

모든 자산에 대한 기대수익률도 낮춰야 할 것이다. 낮아지고 있는 잠재 성장률을 고려하면 금리가 다시 떨어질 전망이다. 2010년에서 2021년 주가지수(코스피)가 연평균 5.7% 상승했으나, 앞으로 10년은 이보다 더 낮아질 수 있다. 부동산 시장도 마찬가지일 것이다.

● 국내총생산 등 국민소득 관련 자료 ●

지금까지 국내총생산GDP 등 국민소득과 관련한 여러 지표에 대해 알아보았다. 경제를 공부한다면 이런 지표가 꼭 필요하다. 관련 자료는 '한국은행 경제통계시스템(http://ecos.bok.or.kr/)'에서 간단한 검색을 통해 얻을 수 있다. 참고를 위해 [표 3-11]에 국민소득과 관련한 주요 통계 추이를 기록했다.

▶ 표 3-11 국민소득 관련 주요 통계 추이

항목	실질 GDP		경상 GDP		달러 기준	GDP디플레이터	1인당 국민총소득			총저축률	국내총투자율	실업률
단위	조 원	성장률, %	조 원	증가율, %	억 달러	2015 =100	상승률	만 원	달러	%	%	%
2000	903.6	9.1	651.6	10.2	5,763.6	72.1	1.0	1,377	12,179	34.2	33.1	4.4
2001	947.4	4.9	707.0	8.5	5,477.3	74.6	3.5	1,482	11,484	32.3	31.9	4.0
2002	1,020.6	7.7	784.7	11.0	6,271.7	76.9	3.0	1,641	13,115	31.7	31.3	3.3
2003	1,052.7	3.1	837.4	6.7	7,025.5	79.5	3.4	1,742	14,618	33.3	32.5	3.6
2004	1,107.4	5.2	908.4	8.5	7,936.3	82.0	3.1	1,886	16,477	35.7	32.7	3.7
2005	1,155.1	4.3	957.4	5.4	9,347.2	82.9	1.0	1,973	19,262	34.2	32.8	3.7
2006	1,215.9	5.3	1,005.6	5.0	10,524.2	82.7	0.2	2,070	21,664	33.2	33.2	3.5
2007	1,286.5	5.8	1,089.7	8.4	11,726.9	84.7	2.4	2,233	24,027	33.8	33.3	3.2
2008	1,325.2	3.0	1,154.2	5.9	10,468.2	87.1	2.8	2,354	21,345	33.4	33.7	3.2
2009	1,335.7	0.8	1,205.3	4.4	9,443.3	90.2	3.6	2,441	19,122	33.5	29.5	3.6
2010	1,426.6	6.8	1,322.6	9.7	11,438.7	92.7	2.7	2,673	23,118	35.2	32.6	3.7
2011	1,479.2	3.7	1,388.9	5.0	12,534.3	93.9	1.3	2,799	25,256	34.6	33.2	3.4
2012	1,514.7	2.4	1,440.1	3.7	12,779.6	95.1	1.3	2,899	25,724	34.5	31.1	3.2
2013	1,562.7	3.2	1,500.8	4.2	13,705.6	96.0	1.0	2,995	27,351	34.8	29.7	3.1
2014	1,612.7	3.2	1,562.9	4.1	14,839.5	96.9	0.9	3,095	29,384	35.0	29.7	3.5
2015	1,658.0	2.8	1,658.0	6.1	14,653.4	100.0	3.2	3,260	28,814	36.4	29.5	3.6
2016	1,706.9	2.9	1,740.8	5.0	15,000.3	102.0	2.0	3,411	29,394	36.8	30.1	3.7
2017	1,760.8	3.2	1,835.7	5.5	16,233.1	104.3	2.2	3,589	31,734	37.1	32.3	3.7
2018	1,812.0	2.9	1,898.2	3.4	17,251.6	104.8	0.5	3,693	33,564	35.9	31.5	3.8
2019	1,852.7	2.2	1,924.5	1.4	16,501.1	103.9	0.8	3,754	32,204	34.7	31.3	3.8
2020	1,839.5	-0.7	1,940.7	0.8	16,446.1	105.5	1.6	3,777	32,004	36.0	31.7	4.0
2021	1,915.8	4.1	2,071.7	6.7	18,102.3	108.1	2.5	4,048	35,373	36.3	31.8	3.7

자료: 한국은행

'국내총생산' 지표로 보는 부의 흐름

☑ 국내총생산(GDP)은 한 나라의 가계, 기업, 정부 등의 모든 경제주체가 일정 기간에 새롭게 생산한 재화와 서비스의 가치를 금액으로 평가하여 합산한 것이다.

☑ 국내총생산에서 각 부문의 기여율은 '각 부문 증감액 / GDP 증감액 × 100'으로 구한다.

☑ 국내총생산에서 각 부문의 기여도는 '각 부문 증감액 / GDP × 100(= 각 부문 기여율 × 경제성장률)'으로 구한다.

☑ 국내총생산은 계절조정 이전의 원계열의 전년 동기 대비 증가율과 계절조정 계열의 전기 대비 증가율을 생산 측면과 지출 측면으로 나누어 발표한다.

☑ 실제 GDP가 잠재 GDP 아래에 있을 때는 그 경제에 디플레이션 압력이, 실제 GDP가 잠재 GDP 위에 있을 때는 인플레이션 압력이 존재한다.

4장

무역시장의 내비게이션:
수출입 동향

🔍 한눈에 보는 수출입 동향 지표 읽는 법

▶ 산업통상자원부 웹사이트의 '알림·뉴스' 메뉴의 '보도자료' 항목에서 '수출입'으로 검색하면 월별 수출입 동향 지표를 구할 수 있다.

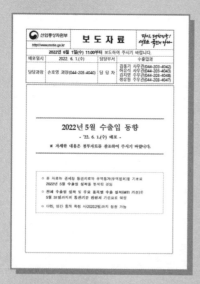

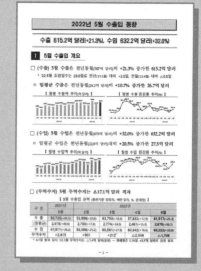

월별 수출입 동향의 개요를 보여준다. 전월과 전년 동월의 자료를 부가하여 비교할 수 있게 한다.

품목 · 지역별 상세 수출 동향 (5월)

1 품목별 상세 수출 동향

□ (반도체 : 15.0%) 중국 봉쇄령에 따른 생산 차질에도, 파운드리 업황 호조, 하반기 신규 CPU 서버 출시 및 클라우드, AI 관련 투자 확대가 예상됨에 따라 23개월 연속 수출 증가, 역대 5월 中 1위 달성

- D램 고정價($) : (21.4~6) 3.80 → (7~9) 4.10 → (10~12) 3.71 → (22.1~3) 3.71 → 3.85
- 낸드 고정價(\$) : ('20.10~'21.8) 4.20 → (4~6) 4.56 → (21.7~22.5) 4.81
- 반도체 수출액/증감률(억 달러) : (21.5) 100.4/-24.5% → (22.5) 115.5/+15.0%

□ (석유화학 : 14.0%) 건설·자동차 등 전방산업 경기 회복세가 이어지는 가운데, 올해 초 에틸렌, 프로필렌 등 설비증설에 따른 생산 확대와 수출 단가도 동시 증가 → 17개월 연속 수출 증가, 역대 5월 최고치

- 국제유가(두바이유, \$/b) : (21.5) 66.34 → (22.5) 108.16/+63.0%
- 석유화학 수출단가(\$/톤) : (21.5) 1,529 → (22.5) 1,569/+2.6%
- 석유화학 수출액/증감률(억 달러) : (21.5) 45.4/+93.8% → (22.5) 51.8/+14.0%

□ (일반기계 : 3.2%) 중국 경기 둔화, 원자재 및 에너지 가격 인상에 따른 시장원가 등 어려운 여건에도, 미국·인도 중심의 인프라·설비 투자 확대로 전방 일반기계 위주 수출 증가 → 14개월 연속 플러스

- 中 제조업 PMI : (21.12) 50.3 → (22.1) 50.1 → (2) 50.2 → (9) 49.5 → (4) 47.4 → (5) 49.6
- 美 제조업 PMI : (21.11) 61.1 → (12) 58.8 → (22.1) 57.6 → (2) 58.6 → (3) 57.1 → (4) 55.4
- 일반기계 수출증감률(억 달러) : (21.5) 42.7/+25.7% → (22.5) 44.1/+3.2%
- 5.1~25일 수출액/증감률(억 달러) : (美) 8.3/+26.0%, (中) 5.5/-1.7/+76.7%, (印) 3.5/+22.7%

□ (석유제품 : 107.2%) 지난달에 이어 매월 당 100달러대의 높은 유가 상황 속, 높은 수준의 정제마진 및 가동률이 지속되면서 中·美·EU 등 주요시장에 대해 수출이 고르게 증가 → 석유제품 월 수출 사상 최초로 60억 달러 남어 역대 최고실적 달성

- 국제유가(두바이유, \$/b) : (21.5) 66.34 → (22.5) 108.16/+63.0%
- 석유제품 수출단가(\$/톤) : (21.5) 72.8 → (22.5) 133.2/+83.0%
- 석유제품 수출액/증감률(억 달러) : (21.5) 30.9/+163.6% → (22.5) 64.0/+107.2%
- 5.1~25일 수출액/증감률(억 달러) : (中) 16.2/+231.5%, (美) 4.4/+25.8%, (EU) 2.1/+514.4%

---

2 지역별 상세 수출 동향

□ (중국 : 1.2%) 일부지역 봉쇄조치로 인한 조업중단 및 물류난 영향으로 일반기계(제조설 경기 둔화에 따른 중국 내 건설기계 수요 위축) 수출은 감소했으나, 반도체(제조도체 업황 개선세 지속), 무선통신기기(신규 모델 출시 및 부품 수요 증가에 따른 호조) 수출 증가로 한 달 만에 플러스 전환

- 중국 수출액/증감률(억 달러) : (21.5) 132.5/-23.3% → (22.5) 134.1/+1.2%
- 5.1~25일 수출액/증감률(억 달러) : (반도체) 34.7/+10.5%, (석유화학) 15.2/-12.4%, (일반기계) 5.8/-22.7%, (무선통신) 4.2/+64.6%

□ (미국 : 29.2%) 자동차(공급 부족에 따른 단가 상승, 고급차로 판매 관세 증가), 차부품(자동차 생산량 증가로 관련 부품 수요 증가), 일반기계(제조업 경기 확장세에 따라 증감어의 수출 증가 등 주요 품목이 선전으로 21개월째 연속 증가로 역대 5월 中 1위 기록

- 미국 수출액/증감률(억 달러) : (21.5) 74.5/-42.0% → (22.5) 96.2/+29.2%
- 5.1~25일 수출액/증감률(억 달러) : (자동차) 12.7/+44.7%, (반도체) 8.5/+21.9%, (일반기계) 5.4/+26.0%, (차부품) 5.4/+13.7%

□ (아세안 : 23.0%) 점진적인 국가문재조치 완화로 경기 회복세가 지속 되는 가운데 반도체(제조설 수요 지속, 국가별 반도체 산업과당 및 투자확대 기조), 디스플레이(기판 및 전자제품 수요 증가), 석유제품(정제마진 개선에 따른 교통량 및 선도 수요 증가) 효과로 15개월 연속 증가로 역대 5월 中 1위

- 아세안 수출액/증감률(억 달러) : (21.5) 86.5/+63.1% → (22.5) 106.4/+23.0%
- 5.1~25일 수출액/증감률(억 달러) : (반도체) 18.5/+35.5%, (석유제품) 8.3/+121.5%, (디스플레이) 6.5/+13.0%, (일반기계) 4.4/+2.1%

□ (EU : 23.9%) 석유화학(유가 상승에 따른 단가 상승 및 세트업 호황에 따른 수출 증가), 석유제품(中수 전방에 따른 공급 부족 수 우려로 수급난, 증가), 무선통신기기(신제품 출표 효과 공급난 대비 선주문 증가), 철강(원자재 가격 인상, 러시아의 공급 공급 중단에 따른 수입산 대비증) 등 영향으로 역대 5월 중 1위

- EU 수출액/증감률(억 달러) : (21.5) 49.0/+62.9% → (22.5) 60.8/+23.9%
- 5.1~25일 수출액/증감률(억 달러) : (석유화학) 4.9/+41.2%, (철강) 4.0/+70.1%, (무선통신) 2.1/+129.0%, (석유제품) 2.1/+514.4%

품목별 및 지역별 수출 동향을 요약해서 설명한다.

Ⅰ. 수출 동향 [잠정치]

가. 수출추이

① 월별 수출실적

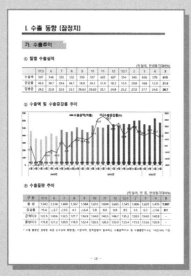

② 수출액 및 수출증감률 추이

③ 수출물량 추이

④ 원화표시 수출 동향

나. 품목별 5월 수출추이

① 15대 품목별 5월 수출증감률(%)

'수출 동향'에서 수출 실적, 수출 증감률 추이, 중요 품목별 수출 추이 등을 보여주고, 분석을 덧붙인다.

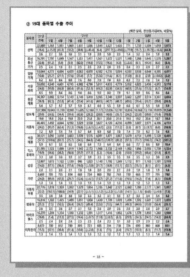

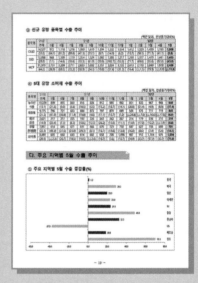

수출에서 중요하게 다루는 15개 품목에 대해 별도로 수출 추이를 제시하고 신규 및 유망 품목의
수출 추이를 분석한다.

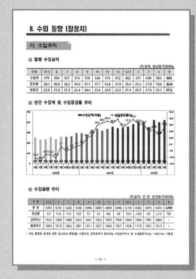

'수입 동향'에서 수입 실적, 수입 증감률 추이, 주요 원자재 동향, 지역별 수입 추이를 제시하고
분석을 덧붙인다.

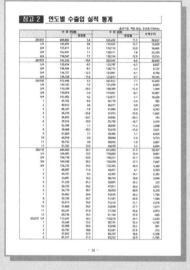

참고 자료로 연도·분기·월별 수출입 실적과 추이, 15개 세부 품목 예시 등을 제시한다.

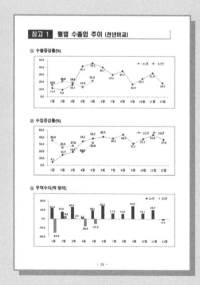

월별 수출입 추이를 그래픽으로 제시하고 지역별 수출입 및 무역수지 흐름을 실었다.

한국 경제를 파악하는 가장 중요한 지표, 월별 수출입 동향

앞에서 우리는 통계청이 매월 발표하는 「산업활동 동향」과 한국 은행의 「분기별 국내총생산」을 통해 경제 상황과 경기를 진단하는 과정을 살펴보았다.

그런데 한국 경제는 무역 의존도가 매우 높다. 즉 수출입이 경제 에 미치는 영향이 크기 때문에 수출입 동향은 한국 경제를 파악하 는 데 매우 중요한 지표가 된다. 수출입 동향을 파악하기 위해서는 산업통상자원부가 매월 발표하는 「월별 수출입 동향」을 참고하면 된다.

▶ 표 4-1 5월 수출입 실적

(통관기준 잠정치, 백만 달러, %, 관세청)

구분		2021년	2022년			
		5월	2월	3월	4월	5월
수출		50,725(+45.5)	53,998(+20.8)	63,793(+18.8)	57,833(+12.9)	61,517(+21.3)
	(일평균)	2,415(+49.0)	2,700(+17.8)	2,774(+24.0)	2,461(+15.3)	2,675(+10.7)
수입		47,911(+38.2)	53,098(+25.2)	63,581(+27.8)	60,342(+18.6)	63,222(+32.0)
무역수지		+2,815	+901	+212*	△2,508	△1,705

주: * 4월 1일 발표 당시 2022년 3월 무역수지는 △1.4억 달러(잠정) → 관세청은 5월 16일 +2.1억 달러로 정정
발표
자료: 산업통상자원부

산업통상자원부는 매월 1일 지난달의 수출입 통계를 발표한다. 세계 어느 나라도 이렇게 빨리 발표하지는 못한다. 그만큼 우리나라가 수출입을 중요하게 다루고 있으며 수출입을 집계하는 전산 통계가 잘되어 있음을 알 수 있다.

[표 4-1]은 2022년 6월 1일 산업통상자원부가 발표한 수출입 통계를 요약한 것이다. 이에 따르면 2022년 5월 수출은 4월에 비해 21.3%, 전년 5월에 비해 32% 상승했다. 수출과 수입이 함께 늘어났는데, 수입 증가율이 더 커서 무역수지 적자는 2022년 5월 1개월 동안 17억 달러를 기록했다.

발표 자료의 앞에는 월별 수출을 기록했지만, 실제로는 일별 수출이 더 중요하다. 월별로는 국경일 등의 휴무로 일하는 날의 숫자

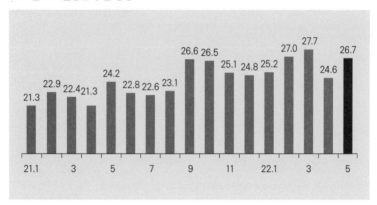

자료: 산업통상자원부

가 다를 수 있기 때문이다. 그래서 산업통상자원부에서는 일평균 수출 통계를 별도로 작성해서 매월 발표하고 있다. 최근 동향을 보면 2022년 5월 일평균 수출금액은 26.5억 달러이다. 월별로 보면 들쑥날쑥한 모습이지만 상승 추세를 이어가고 있다.

우리나라에서 수출은 명목 가격 기준 GDP의 절반에 가까운 비중을 차지할 정도로 매우 중요한 역할을 한다. 그래서 일부 투자 전문가들은 일별 수출과 주가KOSPI의 방향이 거의 같다고 간주하고 일별 수출 동향을 보면서 투자 의사결정을 할 정도이다.

2005년 1월~2022년 4월 데이터로 분석해보면, 일평균 수출금액과 KOSPI 상관계수는 0.85로 매우 높다. 인과관계 분석을 해보면 주가가 일평균 수출액에 일방적 영향을 준다. 2022년 4월 현재

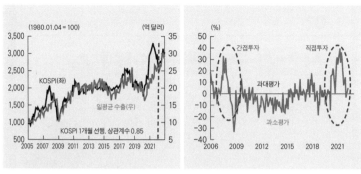

▶ 그림 4-2 일평균 수출금액과 주가 　　▶ 그림 4-3 주가, 적정수준 근접

주: 과대평가 정도는 KOSPI를 일평균 수출금액으로 회귀분석하여 전차를 구한 것임
　　(분석 기간: 2005.1~2022.3)
자료: 산업통상자원부, 한국거래소

KOSPI가 일평균 수출 금액 5% 과대평가된 것으로 나온다. 2021년 4월에는 40% 과대평가였다.

02

산업별 경기를 파악할 수 있는 품목별 수출 동향

산업 통상자원부는 「월별 수출입 동향」에서 품목별·지역별 수출입 통계도 함께 발표한다. 우선 주요 수출 품목의 수출액과 증감률을 보면 [표 4-2]와 같다. 표에서 볼 수 있는 것처럼 2022년 5월에는 석유제품, 선박, 컴퓨터, 철강, 바이오헬스의 수출이 크게 늘었으며, 디스플레이, 일반기계, 섬유, 차 부품, 무선통신 분야의 수출 상승 폭이 상대적으로 작았다. 이들 품목의 수출 증가 요인은 「월별 수출입 동향」 보도자료에서 상세하게 설명하고 있다.

그러나 이 표만 가지고는 장기적인 추이를 파악하기가 어렵다. 최

▶ 표 4-2 2022년 5월 주요 품목별 수출액 및 증감률

(단위: 억 달러, %)

구분	반도체	석유화학	일반기계	자동차	철강	석유제품	디스플레이	차 부품
수출액	115.5	51.8	44.1	41.5	36.6	64.0	15.2	19.6
증감률	+15.0	+14.0	+3.2	+18.9	+26.9	+107.2	+0.1	+7.6
구분	바이오헬스	무선통신	컴퓨터	섬유	선박	가전	이차전지	합계
수출액	15.0	13.0	16.5	11.2	19.7	7.8	8.3	615.2
증감률	+24.6	+8.4	+29.1	+4.3	+44.8	+10.9	+13.9	+21.3

근 1개월 동안의 통계로만 설명하기 때문이다. 장기적인 동향을 나타내는 표를 통해 어떤 품목이 수출이 잘되고 있는지를 관찰하면 좋다. [표 4–2]와 같이 보도자료에 포함된 월별 데이터를 조합하면 좋다.

자료를 참고로 하면 2021년 들어 수출 증가세가 눈에 띄는 품목은 석유화학, 철강, 반도체, 자동차 등이다. 그리고 반도체와 석유화학, 자동차의 수출이 차지하는 비중이 각각 29%, 8.5%, 7.2%로 높게 나타난다.

(백만 달러, 전년 동기 대비 %, 비중 %)

품목명	2021년 전체	2021년							2022년				
		5월	6월	7월	8월	10월	11월	12월	1월	2월	3월	4월	5월
선박	22,988	1,363	1,951	1,969	1,631	1,543	3,527	1,420	771	1,733	1,504	1,019	1,973
	(16.4)	(△15.3)	(41.3)	(10.2)	(38.9)	(6.4)	(237.7)	(△49.0)	(△77.9)	(15.7)	(△35.7)	(△16.6)	(44.8)
	3.6	2.7	3.6	3.6	3.1	2.8	5.8	2.3	1.4	3.2	2.4	1.8	3.2
무선통신기기	16,191	1,197	1,049	1,167	1,351	1,561	1,672	1,531	1,348	1,268	1,845	1,570	1,297
	(22.8)	(41.2)	(3.4)	(5.0)	(62.0)	(15.5)	(16.3)	(4.3)	(△0.3)	(8.1)	(44.4)	(8.3)	(8.4)
	2.5	2.4	1.9	2.1	2.5	2.8	2.8	2.5	2.4	2.3	2.9	2.7	2.1
일반기계	53,044	4,273	4,694	4,420	4,063	4,382	4,735	5,024	4,593	3,938	4,844	4,305	4,411
	(10.8)	(25.7)	(21.1)	(17.6)	(23.4)	(12.6)	(11.6)	(6.1)	(13.8)	(0.3)	(2.8)	(△0.02)	(3.2)
	8.2	8.4	8.6	8.0	7.6	7.9	7.8	8.3	8.3	7.3	7.6	7.4	7.2
석유화학	55,092	4,540	4,601	4,745	4,982	5,011	4,833	4,779	5,052	4,825	5,456	4,972	5,178
	(54.8)	(93.8)	(66.9)	(60.4)	(81.6)	(69.2)	(62.8)	(34.5)	(40.9)	(25.6)	(15.5)	(6.7)	(14.0)
	8.5	9.0	8.4	8.6	9.4	9.0	8.0	7.9	9.1	8.9	8.6	8.6	8.4
철강제품	36,367	2,882	3,114	3,143	3,149	3,365	3,340	3,597	3,662	3,297	3,514	3,361	3,658
	(36.9)	(62.3)	(51.6)	(41.4)	(53.4)	(48.5)	(45.7)	(48.7)	(49.6)	(39.4)	(26.7)	(20.8)	(26.9)
	5.6	5.7	5.7	5.7	5.9	6.0	5.5	5.9	6.6	6.1	5.5	5.8	5.9
반도체	127,980	10,043	11,159	10,981	11,695	11,173	12,036	12,781	10,816	10,368	13,118	10,819	11,545
	(29.0)	(24.5)	(34.4)	(39.4)	(42.6)	(28.8)	(40.0)	(35.1)	(24.2)	(23.8)	(38.0)	(15.8)	(15.0)
	19.9	19.8	20.4	19.8	22.0	20.1	20.0	21.0	19.5	19.2	20.6	18.7	18.8
자동차	46,465	3,492	4,044	4,102	3,029	3,827	4,120	4,230	4,090	3,807	3,971	4,396	4,153
	(24.2)	(93.7)	(62.4)	(12.3)	(16.8)	(△4.7)	(3.3)	(17.2)	(2.3)	(8.1)	(△9.7)	(6.0)	(18.9)
	7.2	6.9	7.4	7.4	5.7	6.9	6.8	7.0	7.4	7.0	6.2	7.6	6.8

석유제품	38,121	3,092	3,018	3,603	3,078	4,081	3,871	3,867	3,679	4,154	5,499	5,120	6,405
	(57.7)	(169.6)	(83.7)	(75.7)	(54.5)	(148.1)	(120.7)	(80.2)	(97.3)	(73.7)	(100.7)	(74.2)	(107.2)
	5.9	6.1	5.5	6.5	5.8	7.3	6.4	6.4	6.6	7.7	8.6	8.9	10.4
디스플레이	21,385	1,522	1,668	1,819	1,945	1,968	2,132	2,149	1,992	1,896	2,093	1,739	1,524
	(18.9)	(38.6)	(28.2)	(38.0)	(23.7)	(5.3)	(10.4)	(2.0)	(10.0)	(39.2)	(48.4)	(21.8)	(0.1)
	3.3	3.0	3.0	3.3	3.7	3.5	3.5	3.5	3.6	3.5	3.3	3.0	2.5
섬유	12,807	1,073	1,122	1,139	940	1,140	1,192	1,249	1,112	971	1,163	1,101	1,119
	(14.0)	(57.1)	(36.4)	(17.4)	(19.0)	(21.7)	(16.9)	(12.1)	(22.1)	(15.1)	(8.1)	(0.1)	(4.3)
	2.0	2.1	2.0	2.1	1.8	2.0	2.0	2.1	2.0	1.8	1.8	1.9	1.8
가전	8,669	705	755	834	669	800	782	763	739	666	777	755	782
	(24.0)	(89.3)	(47.5)	(29.7)	(12.4)	(13.7)	(21.2)	(11.6)	(19.5)	(14.2)	(7.4)	(6.1)	(10.9)
	1.3	1.4	1.4	1.5	1.3	1.4	1.3	1.3	1.3	1.2	1.2	1.3	1.3
자동차부품	22,776	1,818	1,959	1,992	1,579	1,785	1,842	2,121	2,060	1,780	2,177	1,941	1,957
	(22.2)	(182.1)	(108.0)	(34.9)	(22.1)	(△1.2)	(△2.2)	(△1.0)	(14.1)	(△1.3)	(0.05)	(△4.9)	(7.6)
	3.5	3.6	3.6	3.6	3.0	3.2	3.1	3.5	3.7	3.3	3.4	3.4	3.2
컴퓨터	16,816	1,282	1,425	1,489	1,651	1,439	1,729	1,609	1,438	1,502	1,681	1,672	1,655
	(25.3)	(7.5)	(16.5)	(26.4)	(26.1)	(52.6)	(73.5)	(44.7)	(49.3)	(44.6)	(33.0)	(56.4)	(29.1)
	2.6	2.5	2.6	2.7	3.1	2.6	2.9	2.6	2.6	2.8	2.6	2.9	2.7
바이오헬스	16,270	1,204	1,334	1,330	1,232	1,317	1,416	1,892	1,676	1,578	1,850	1,260	1,500
	(16.8)	(1.4)	(13.3)	(27.5)	(16.4)	(11.0)	(△0.5)	(6.3)	(29.9)	(24.3)	(24.1)	(14.2)	(24.6)
	2.5	2.4	2.4	2.4	2.3	2.4	2.3	3.1	3.0	2.9	2.9	2.2	2.4
이차전지	8,672	730	812	789	693	685	734	738	726	690	860	808	831
	(15.5)	(32.1)	(39.4)	(31.4)	(10.8)	(1.5)	(7.5)	(3.4)	(15.7)	(10.3)	(8.3)	(11.7)	(13.9)
	1.3	1.4	1.5	1.4	1.3	1.2	1.2	1.2	1.3	1.3	1.3	1.4	1.4

자료: 산업통상자원부

세계 경제의 흐름을
엿볼 수 있는
지역별 수출 동향

「월별 수출입 동향」에서는 품목별 수출과 더불어 지역별 수출입 동향도 함께 발표한다. 2022년 5월 기준 지역별 수출 증감률을 보면 [표 4-4]와 같다.

그런데 월별 수출입 동향 보도자료에서는 최근 2~3년간 통계만 알 수 있기 때문에 이 역시 장기 통계를 만들어 활용하는 것이 좋다.

한국의 지역별 수출 동향을 장기적으로 관찰해보면 미국 비중이 크게 줄어든 반면, 중국 비중이 대폭 증가했다. 예를 들면 미국이 한국의 수출에서 차지하는 비중이 2000년 21.8%였으나 2012년에

▶ 표 4-4 5월 기준 지역별 수출 증감률

(백만 달러, 전년 동기 대비 %)

지역	2021년 전체	2021년								2022년				
		5월	6월	7월	8월	9월	10월	11월	12월	1월	2월	3월	4월	5월
중국	162,913	13,247	13,070	13,586	13,881	14,292	14,416	15,273	15,343	13,365	13,039	15,650	12,947	13,411
	(22.9)	(23.3)	(14.2)	(15.9)	(26.9)	(17.3)	(25.1)	(27.0)	(20.7)	(13.4)	(16.3)	(16.7)	(△3.4)	(1.2)
미국	95,902	7,448	8,717	8,724	7,704	7,984	8,067	8,134	8,788	8,567	7,738	9,639	9,565	9,620
	(29.4)	(62.3)	(52.0)	(32.2)	(38.0)	(14.1)	(22.9)	(22.0)	(22.8)	(1.8)	(21.0)	(20.9)	(26.6)	(29.2)
일본	30,062	2,362	2,597	2,565	2,523	2,541	2,615	2,813	2,713	2,620	2,480	2,779	2,640	2,831
	(19.8)	(32.5)	(40.4)	(28.3)	(43.2)	(17.8)	(35.9)	(32.5)	(16.3)	(17.1)	(13.2)	(15.1)	(6.0)	(19.9)
아세안	108,826	8,647	8,786	9,637	8,918	9,609	9,786	10,540	11,240	10,306	10,077	12,176	11,258	10,636
	(22.3)	(63.1)	(36.9)	(36.9)	(27.2)	(16.8)	(30.1)	(32.4)	(23.1)	(29.5)	(39.2)	(46.2)	(38.4)	(23.0)
EU (27)	63,614	4,904	5,207	5,328	5,036	5,460	5,089	5,300	5,972	5,411	5,473	6,212	5,539	6,055
	(33.9)	(62.9)	(65.3)	(43.7)	(41.3)	(16.4)	(19.5)	(19.0)	(17.2)	(13.1)	(8.5)	(△1.9)	(7.3)	(23.5)
중동	15,600	1,050	1,323	1,336	1,239	1,285	1,507	1,431	1,676	1,407	1,375	1,515	1,267	1,562
	(6.3)	(4.7)	(21.9)	(24.1)	(15.0)	(3.9)	(16.2)	(13.9)	(43.2)	(25.7)	(30.7)	(18.1)	(△2.4)	(48.8)
중남미	25,817	2,039	2,533	2,359	2,324	2,038	2,478	2,234	2,244	2,278	2,147	2,524	2,321	2,702
	(32.4)	(119.3)	(106.3)	(40.6)	(72.8)	(26.7)	(27.8)	(24.4)	(2.4)	(31.0)	(18.0)	(23.7)	(17.9)	(32.5)
CIS	13,707	1,089	1,338	1,127	961	1,386	1,132	1,232	1,439	1,124	1,230	675	608	676
	(19.8)	(36.3)	(24.4)	(22.0)	(34.0)	(37.3)	(11.3)	(35.9)	(35.8)	(26.3)	(38.2)	(△37.8)	(△46.5)	(△37.9)
베트남	56,729	4,168	4,582	4,934	4,850	5,102	4,905	5,478	5,617	5,304	5,236	6,136	5,403	4,945
	(16.9)	(42.8)	(30.8)	(17.4)	(18.1)	(6.4)	(8.8)	(21.6)	(7.1)	(14.3)	(34.0)	(45.9)	(24.6)	(18.6)
인도	15,603	994	1,166	1,230	1,286	1,494	1,401	1,473	1,314	1,466	1,351	1,508	1,542	1,692
	(30.7)	(151.5)	(99.9)	(56.3)	(49.8)	(1.5)	(29.8)	(30.0)	(4.4)	(15.3)	(5.1)	(12.9)	(14.1)	(70.3)

자료: 산업통상자원부

는 10.1%까지 거의 절반으로 줄었다. 그 뒤 미국 경제가 회복되면서 수출 비중이 2015년에는 13.3%로 늘었다. 2021년과 2022년 상반기에도 미국 수출액이 상승하는 추세를 보였다.

미국 비중이 줄어드는 동안 한국의 대중 수출 비중은 크게 늘었다. 홍콩을 포함한 대중 수출 비중이 2000년에 16.9%에서 2015년에는 31.8%로 증가했다. 홍콩을 제외한 중국 본토 비중은 2000년 10.7%에서 2015년에는 26.0%로 2배 이상 늘었다. 그러나 중국 수출 상승세는 2022년 이후 많이 줄어드는 모습을 보이고 있다.

한국 경제는 수출 의존도가 높은 만큼 한국 수출을 보고 세계 경제 흐름을 어느 정도 짐작할 수 있다. 즉 2000년 이후 세계 경제에서 미국의 경제적 역할은 축소되고 대신 중국의 역할이 확대되고 있는 상황이다.

04

어느 나라에서
돈을 벌고 있는가:
지역별 무역수지

산업통상자원부가 발표하는 「월별 수출입 동향」에서는 지역별 수출과 수입이 함께 발표되기 때문에 각 국가나 지역별로 무역수지를 파악할 수 있다.

한국의 무역수지 동향을 보면 매년 중국과 미국에서 대규모 흑자를 내고 있으나 일본과 중동과의 교역에서 적자를 면치 못하고 있다. 중동에서는 원유를 도입해야 하기에 대규모 적자를 낼 수밖에 없다. 2015년 한 해 한국의 대중동 무역 적자는 842.9억 달러였으며, 2021년에도 500억 달러 가까운 무역수지 적자를 기록했다. 또한 일본과 교역에서도 매년 적자(2015년 202.8억 달러, 2021년 245.9억 달러)를 기록하고 있는데, 이는 아직도 핵심 소재를 일본에서 수입하고 있는 탓이다.

한편 2000년 이후(2009년 제외) 2015년까지 한국의 대중 무역수지 흑자는 전체 무역수지 흑자를 웃돌았다. 예를 들면 대중 무역수지 흑자가 사상 최고치를 기록했던 2013년에는 중국으로 무역수지 흑자가 628.2억 달러로 전체 흑자(440.5억 달러)의 1.4배에 이르렀다. 2015년에는 중국의 경제성장 둔화로 468.7억 달러로 줄었다.

▶ **그림 4-4 한국의 대중 무역수지 흑자가 전체 흑자를 넘었다**

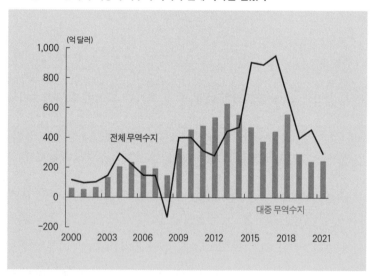

자료: 산업통상자원부

▶ 표 4-5 주요 국가별 무역수지

(단위: 억 달러)

지역	2021년 전체	2021년								2022년				
		5월	6월	7월	8월	9월	10월	11월	12월	1월	2월	3월	4월	5월
중국	242.8	23.7	16.5	20.6	21.5	28.8	24.3	16.1	15.1	2.0	26.4	30.3	6.2	△11.0
미국	226.9	10.1	22.3	23.8	14.9	20.2	20.7	14.9	30.9	14.7	17.8	26.5	29.5	24.0
일본	△245.8	△16.1	△20.0	△19.7	△19.3	△21.1	△20.8	△20.5	△24.2	△18.4	△22.3	△25.5	△22.4	△14.3
ASEAN	411.2	34.0	33.9	38.1	32.6	38.4	39.7	47.9	46.9	31.2	37.8	46.1	44.6	40.1
EU(27)	△23.2	△6.6	△3.7	△9.6	△1.8	1.5	△2.8	2.4	△7.3	3.9	3.1	3.7	0.5	0.03
중동	△495.9	△37.5	△35.6	△41.2	△45.8	△41.6	△46.8	△52.0	△62.6	△64.5	△56.8	△69.3	△81.7	△73.4
중남미	△26.2	0.7	1.8	△7.0	1.0	△0.9	△2.3	△3.4	△6.8	△4.7	△2.2	△2.1	△2.9	△1.2
CIS	△66.0	△3.9	△3.4	△3.7	△9.0	△3.5	△7.6	△12.7	△7.9	△10.9	△8.3	△16.4	△17.4	△8.0
베트남	327.6	23.2	28.0	29.4	27.3	31.2	29.3	33.6	34.4	29.9	31.6	35.0	30.7	27.7
인도	75.5	4.1	5.8	5.2	5.5	7.3	6.6	6.8	5.7	7.7	6.2	5.2	6.5	6.1

자료: 산업통상자원부

그러나 2021년에 대중국 무역수지 흑자가 대폭 감소하여 242.8억 달러에 그쳤다. 이는 미국과의 무역수지 흑자 226.9억 달러에 근접한 수치다.

중국은 그동안 한국 상품을 수입하면서 미국 달러로 결제했다. 미국으로 수출해서 벌어들인 달러를 수입에 사용한 것이다. 그러나 중국의 중장기 목표는 제조 강국과 무역 강국, 나아가 위안화 국제화를 포함한 금융 강국이다. 앞으로 중국은 한국 상품을 수입해 가면서 미국 달러 대신 중국 위안화를 줄 것이다. 이를 반영하여 삼성전자나 현대차 같은 한국의 대기업은 중국 교역에서 위안화 결제 비중을 점차 늘리고 있다.

05

수출지표를 보면 한국 경제의 미래가 보인다

앞서 언급했듯 한국 경제는 수출 의존도가 매우 높다. 3장의 국내총생산 지표를 통해 살펴본 것처럼 실질 가격 기준으로 수출이 GDP에서 차지하는 비중이 2015년 55.6%에 이르렀다. 명목 가격 기준으로도 2015년 45.9%로 GDP의 절반을 차지했다. 명목 가격 기준 비중은 2000년 36.0%에서 2012년에는 56.3%로 사상 최고치를 기록했다.

2021년 GDP에서 수출이 차지하는 비율은 44.2%로 낮아졌으나 여전히 수출이 한국 경제성장을 좌우한다고 해도 과언은 아닐 것이다. 이 중에서 중국 한 나라가 한국의 수출에서 차지하는 비중이 매우 높은 수준이다. 중국이 한국 수출에서 차지하는 비중은 점차 낮아지는 추세이긴 하지만, 높은 의존도를 벗어나지는 못했다. 중국이 기침하면 한국 경제가 감기에 걸리는 처지가 유지되고 있다. 2015년 중국 인민은행이 위안화를 평가절하하자마자 한국 주가와 원화 가치가 큰 폭으로 하락한 것이나 2017년 사드 배치로 중국 교역이 감소하자 한국 경제 전체가 진통을 겪은 것을 보면 중국이 한국의 경제와 금융시장에 얼마나 큰 영향을 미치는지 짐작이 가능하다.

▶ 그림 4-5 한국 경제의 수출 의존도 증가

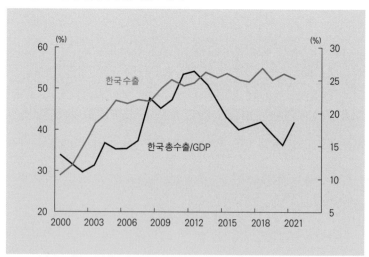

자료: 한국은행, 산업통상자원부

한국의 수출은 환율뿐만 아니라 세계 경제성장에도 영향을 받는다. 따라서 세계 경제 상황을 자세히 살펴보아 봐야 한다. 세계 경제를 보는 방법 중 하나는 경제협력개발기구OECD가 작성해서 발표하는 경기선행지수CLI를 보는 것이다. OECD 선행지수는 OECD 사이트에서 볼 수 있다. 발표 시기가 2개월 정도 느리지만 참고해볼 만한 지표이다. OECD 경기선행지수는 6~9개월 뒤 경기 흐름을 예측하는 지표이다. 100을 기준으로 그 이상이면 경기 확장 국면, 이하이면 경기 하강 국면으로 해석할 수 있다.

2013년 이후 한국 수출은 감소세를 면치 못했다. 그러나 2017년 이후 OECD 전체의 선행지수가 회복되었다. 2017년 3월에 100을 기록한 후 조금씩 상승해 2017년 11월에는 100.2를 기록했다. 이는 2015년 6월(100.2) 이후 가장 높은 수준으로, 세계 경기 회복 흐름이 계속 이어지리라는 신호로 보였다. 그러나 2020년 들어 코로나19의 세계적 확산으로 선행지수가 급감했다가 확산세가 주춤해지면서 다시 회복하는 중이다. 같은 기간 한국의 수출도 OECD 선행지수와 동조하는 모습을 보였다.

2017년 11월 기준으로 한국의 경기선행지수는 99.9를 기록했다. 한국의 경기선행지수가 100을 밑돈 것은 2014년 9월 99.8 이후 무려 38개월 만에 처음이다. 한국과 함께 호주(99.9), 체코(99.2), 그리스(99.1), 아일랜드(99.9), 멕시코(99.2), 폴란드(99.3), 영국(99.1), 미국

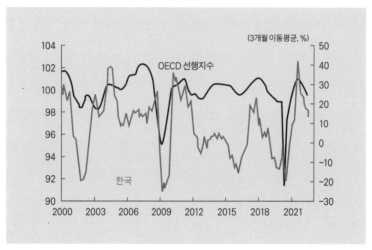

자료: OECD, 산업통상자원부

(99.9) 등이 경기선행지수 100을 넘지 못했다.

한국의 경기선행지수는 2020년 5월에 98.5를 기록하고 같은 해 6월에는 100을 회복한 후 2021년 7월 101.7까지 15개월 연속 상승하다가 2021년 8월에 101.6을 기록하며 하락 전환한 뒤 9월(101.5), 10월(101.4), 11월(101.3), 12월(101.2) 등으로 5개월 연속 떨어졌다.

'수출입 동향' 지표로 보는 부의 흐름

☑ 한국에서 수출은 GDP의 절반 가까운 비중을 차지할 정도로 중요하다. 일부 투자 전문가가 일별 수출과 주가 방향이 거의 같다고 간주할 정도이다.

☑ 품목별 수출 동향을 도표로 만들어 기록해두면 산업의 경쟁력, 경제 동향 등을 파악하는 데 매우 효과적이다.

☑ 한국의 지역별 수출 동향을 장기적으로 관찰해보면 미국 비중이 크게 줄어든 반면 중국 비중이 대폭 증가했다.

☑ 한국의 무역수지는 중국과 미국에서 대규모 흑자, 일본과 중동에서 적자를 기록하는 것이 일반적이다.

☑ OECD 경기선행지수를 통해 세계 경제 흐름에 따른 한국 수출의 향방을 예측할 수 있다.

5장

기업과 개인의
체감 경기:
기업 및 소비자실사지수

한눈에 보는 기업 및 소비자실사지수 지표 읽는 법

▶ 전국경제인연합회 웹사이트의 '전경련 활동' 메뉴의 '보도자료'에서
'기업경기동향조사' 항목으로 들어가면 월별 기업경기 전망 지표를 구할 수 있다.

업종별로 기업 체감 경기를 요약하고 내수, 수출, 투자 등 부문별로 호조와 부진 업종을 제시한다.

한국은행 웹사이트의 '보도·참여마당'에서 '소비자 동향'을 검색하면 지표 자료를
얻을 수 있다.

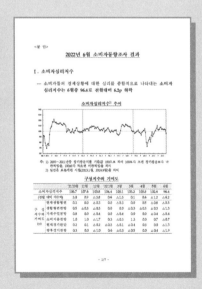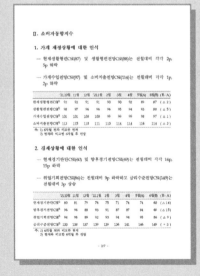

월별로 종합적인 소비자심리지수와 현재 형편, 향후 전망 등에 대한 인식을 조사한 세부 결과를
보여준다.

▶ 한국은행 웹사이트의 '보도·참여마당'에서 'BSI'나 '기업경기실사지수' 등을 검색하면 지표 자료를 얻을 수 있다.

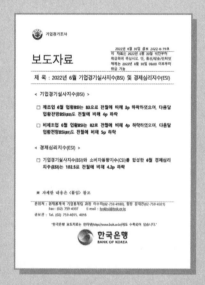

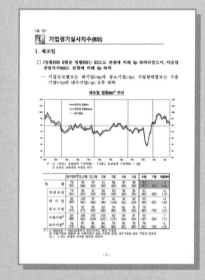

기업경기실사지수와 경제심리지수(ESI)를 요약해서 제시하고 각각의 자세한 내용을 덧붙인다.

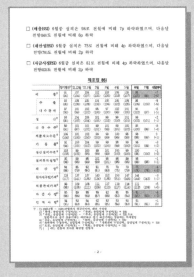

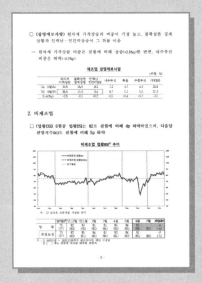

제조업과 비제조업으로 구분하여 업황, 매출, 채산성, 자금사정에 관한 BSI 지수를 제시한다.

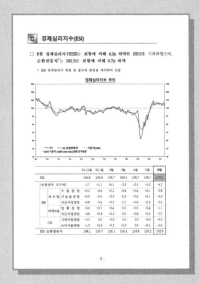

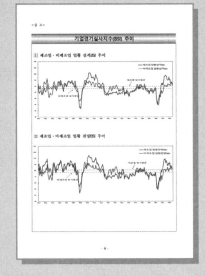

ESI와 BSI 추이, 업황 전망 BSI 추이를 그래프로 보여준다.

기업의 체감 경기를
보여주는 기업실사지수

앞에서 「월별 산업활동 동향」(통계청), 「분기별 국내총생산」(한국은행), 「월별 수출입 동향」(산업통상지원부) 등의 지표를 통해 경기를 진단하는 방법에 대해 살펴보았다. 그런데 이들 지표는 계량화된 데이터를 사용하기에 실제로 체감하는 것과는 차이가 있을 수 있다. 기업이 실제로 느끼고 예측하는 경기 상황을 파악하기 위해서는 직접 응답을 통한 정성적 조사가 필요하다. 즉 기업 체감 경기를 보여주는 기업실사지수BSI, Business Survey Index를 이용하는 것이 좋다. 기업실사지수는 한국경제연구원KERI, 한국은행 등의 다양한 기관과 단체가 조사하여 발표한다.

먼저 전국경제인연합(전경련)의 BSI를 살펴보자. 전국경제인연합은 2017년 4월까지 BIS 조사를 수행하고 발표하다가 2017년 5월 전망부터는 한국경제연구원이 진행했다. 그리고 2022년 2월 이후 다시 전경련이 조사를 맡았다. 업종별로 순매출액 600대 업체를 대상으로 종합경기, 내수, 수출, 투자, 자금사정, 재고, 고용, 채산성의 8개 부문에서 설문 조사를 통해 조사한 결과를 발표한다.

BSI는 다음과 같이 계산된다.

$$BSI = [(긍정적\ 응답\ 업체\ 수 - 부정적\ 응답\ 업체\ 수) / 전체\ 응답\ 업체\ 수] \times 100 + 100$$

예를 들어 100개 기업을 대상으로 조사했는데, 60개 기업이 경기가 좋다고 대답하고 나머지 40개 기업이 경기가 나쁘다고 응답했다면 BSI는 120이 된다. BSI가 100을 넘어서면 경기에 대해 긍정적으로 대답한 기업이 부정적으로 대답한 기업보다 많다는 것이다. 반대로 100 이하이면 부정적으로 대답한 기업이 많은 것이다.

전경련의 기업실사지수 동향을 보면 종합경기 전망치가 2015년 3월에는 103.7(10월 101.2)로 100을 넘었으나, 그 이후로는 계속 100을 하회했다. 이 결과는 한국경제연구원이 BSI 조사를 한 이후

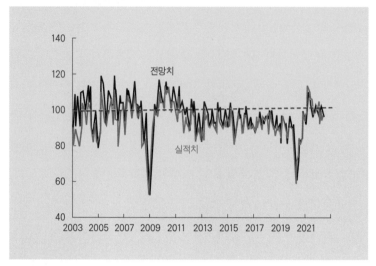

▶ 그림 5-1 전국경제인연합 BSI 장기 추이

자료: 전국경제인연합

에도 똑같이 나타났다. 세계 경제위기와 코로나19 확산 국면에서 BIS는 극히 낮은 수준을 보였다. 2022년 7월의 BSI 전망은 92.6을 기록했다. 2021년 1월 91.7을 기록한 후 1년 6개월 만의 최저치다.

BSI를 작성할 때는 전망치와 더불어 종합경기 실적도 조사한다. 최근 실적치도 거의 100을 밑돌고 있다. 일반적으로 전망치가 실적치에 비해 높게 나타난다. 2000년 이후(2000년 1월~2012년 2월) 통계를 봐도 전망치 평균이 97.9로 실적치 평균 94.7보다 높았다. 기업가들이 미래를 낙관적으로 내다보려고 하지만, 실제 경기는 거기에 미치지 못했다는 의미다. 이런 현상은 2021년 하반기 이후에도 계

▶ 그림 5-2 BSI 전망과 실적 비교

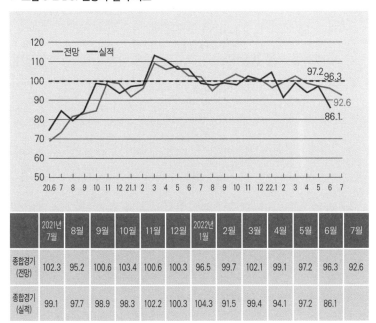

	2021년 7월	8월	9월	10월	11월	12월	2022년 1월	2월	3월	4월	5월	6월	7월
종합경기 (전망)	102.3	95.2	100.6	103.4	100.6	100.3	96.5	99.7	102.1	99.1	97.2	96.3	92.6
종합경기 (실적)	99.1	97.7	98.9	98.3	102.2	100.3	104.3	91.5	99.4	94.1	97.2	86.1	

자료: 전국경제연연합

속되고 있다.

한편 한국은행에서도 매월 기업실사지수를 작성해서 발표한다. 한국은행은 매출, 생산, 신규 수주, 채산성, 자금사정 등 12개 지표를 대상으로 설문 조사를 실시하여 BSI를 부문별로 작성해서 발표한다. 한국은행의 2022년 6월 BSI 보도자료에는 다음과 같이 요약되어 있다.

- 제조업 6월 업황 BSI는 83으로 전월에 비해 3p 하락하였으며, 다음 달 업황 전망 BSI(83)도 전월에 비해 4p 하락
- 비제조업 6월 업황 BSI는 82로 전월에 비해 4p 하락하였으며, 다음 달 업황 전망 BSI(81)도 전월에 비해 5p 하락

전국경제인연합(한국경제연구원 포함)의 BSI와 한국은행의 BSI를 비교해보면 흥미로운 점을 발견할 수 있다. 두 BSI 수치가 100 이하라는 점은 똑같지만, 한국은행의 BSI 수치가 훨씬 낮다는 것이다. 이런 차이가 나는 것은 조사 대상 업체 때문이다. 한국경제연구원

▶ **그림 5-3 한국은행 BSI-제조업과 비제조업 비교**

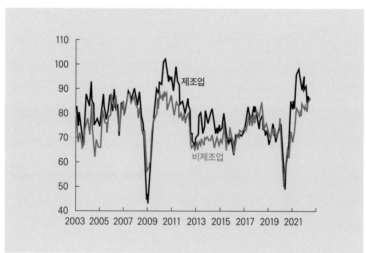

자료: 한국은행

▶ 그림 5-4 한국은행 BSI-대기업과 중소기업 비교

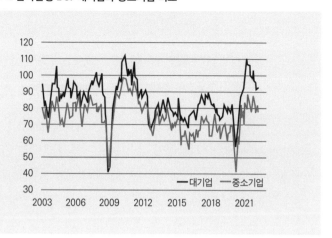

자료: 한국은행

▶ 그림 5-5 한국은행 BSI-수출기업과 내수기업 비교

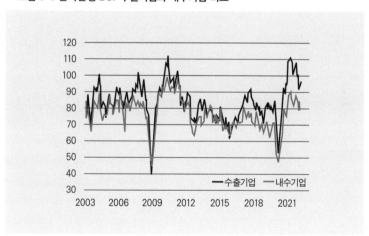

자료: 한국은행

은 600대 대기업을 대상으로 조사하지만, 한국은행은 3,255개 법인 기업[2022년 6월 응답 업체는 2,800개(제조업 1,653개, 비제조업 1,147개)]으로 조사 대상 범위가 훨씬 넓다. 여기에는 전국경제인연합이 조사하는 대기업뿐만 아니라 수많은 중소기업도 포함된다. 한국은행 BSI가 전국경제인연합 것보다 낮다는 것은 전국경제인연합 조사 대상에서 제외되는 중소기업들이 경기를 더 나쁘게 본다는 의미를 담고 있다.

02

가계의 소비심리를 파악하는 소비자심리지수

한국은행은 앞에서 살펴본 '기업실사지수'를 통해 매월 기업 체감 경기를 파악하는 동시에 '소비자심리지수CCSI, Composite Consumer Sentiment Index'를 조사하여 가계의 소비심리를 파악한다. 전국 도시 2,500가구(2022년 26월 응답 2,305가구)를 대상으로 소비자동향지수CSI, Consumer Survey Index를 작성한다. 소비자동향지수는 경제 상황에 대한 소비자 인식과 향후 소비지출 전망 등을 설문 조사하여 그 지수를 지수화한 통계자료이다. 경제인식과 전망, 소비지출 전망, 가계 저축 및 부채, 물가 전망 등 개별 소비자동향지수는 다음 식을 통해 산출한다.

개별 소비자동향지수 = (매우 긍정 × 1.0 + 다소 긍정 × 0.5 + 비슷 × 0.0 − 다소 부정 × 0.5 − 매우 부정 × 1.0) / 전체 응답 가구 수 × 100 + 100

소비자동향지수CSI는 기업실사지수BSI와 해석할 때 차이가 있다. 소비자심리지수가 100보다 크다면 경제 상황에 대한 소비자의 주관적인 기대심리가 과거(2003년~전년 12월) 평균보다 낙관적, 100보다 작다면 비관적임을 의미한다.

▶ **표 5-1 소비자심리지수 구성의 기여도**

		2021년 10월	11월	12월	2022년 1월	2월	3월	4월	5월	6월
소비자심리지수		106.7	107.6	103.8	104.4	103.1	103.2	103.8	102.6	96.4
(전월 대비 지수차)		3.0	0.9	△3.8	0.6	△1.3	0.1	0.6	△1.2	△6.2
구성 지수의 기여도 (p)	현재 생활형편	0.3	0.0	△0.3	0.0	△0.3	0.0	0.5	△0.8	△0.5
	생활형편 전망	0.5	△0.3	△0.3	0.0	0.0	△0.3	△0.3	△0.3	△1.3
	가계수입 전망	0.8	0.0	△0.4	0.0	△0.4	0.0	0.0	△0.4	△0.4
	소비지출 전망	1.0	1.0	△1.7	0.3	△0.3	1.3	0.0	0.7	△0.7
	현재 경기 판단	0.2	0.1	△0.2	△0.3	△0.1	△0.4	0.3	0.0	△1.5
	향후 경기 전망	0.3	0.0	△1.0	0.6	△0.3	△0.5	0.0	△0.4	△1.9

자료: 한국은행

그러나 설문 중 금리 수준 전망 등에 대해서는 100보다 크다면 증가 또는 상승할 것으로 응답한 가구 수가 감소 또는 하락할 것으로 응답한 가구 수보다 많다는 것을, 100보다 작다면 그 반대 상황을 나타낸 것이므로 해석에 주의를 기울여야 한다.

한편 소비자심리지수CCSI는 현재 생활형편, 가계수입 전망, 소비지출 전망 등 6개의 주요 개별지수를 표준화하여 합성한 지수로서, 경제에 대한 소비자의 전반적인 인식을 종합적으로 판단하는 지표이다. 6개 개별지수를 표준화 구간(2003년~전년 12월, 매년 초에 전년 12월까지 연장)의 평균과 표준편차를 이용하여 표준화한 후 이를 합성한 종합적인 소비자심리 지표이다. 따라서 소비자심리지수가 100보다 크다면 경제 상황에 대한 소비자의 주관적인 기대심리가

▶ **그림 5-6 소비자심리지수 추이**

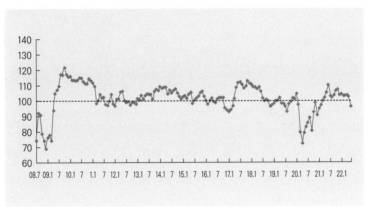

자료: 한국은행

과거(2003년~전년 12월) 평균보다 낙관적이라는 뜻이고, 100보다 작다면 비관적이라는 뜻이다.

소비자심리지수 추이를 보면 [그림 5-6]과 같다. 2008년 경제위기 이후 급락했고 2015년 6월 메르스 영향으로 100 이하로 떨어졌다. 그 뒤로 100을 다시 넘어섰으나, 2016년 2월에는 98.0으로 하락했다. 이후 100을 넘었다. 코로나 10 영향으로 급격하게 위축 후 V자 반등하는 모습을 보였다. 그러나 2020년 7월부터 조정이 일어났다.

소비자심리지수는 주가KOSPI와 거의 같은 방향으로 움직이는 상관관계가 있으며 [그림 5-7]을 통해 이를 확인할 수 있다.

▶ **그림 5-7 소비자심리지수와 코스피의 상관관계**

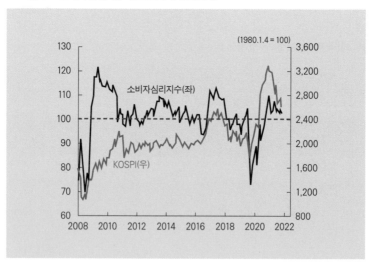

자료: 한국은행

03

경제 상황에 대한 민간의 심리를 파악하는 경제심리지수

한국은행에서는 기업과 소비자 모두를 포함해 경제 상황에 대한 민간 심리를 종합적으로 파악하기 위해 BSI 및 CSI 지수를 합성한 '경제심리지수ESI, Economic Sentiment Index'를 작성하여 발표하고 있다.

경제심리지수는 장기 평균 100을 중심으로 대칭적으로 분포하고 표준편차가 10이 되도록 작성한다. 따라서 경제심리지수가 100을 상회(하회)하면 기업과 소비자 모두를 포함한 민간의 경제심리가 과거 평균보다 나은(못한) 수준인 것으로 해석한다. 장기 평균 100이란 표준화 구간, 즉 BSI와 CSI 시계열 확보가 가능한 2003년 1월부

		구성 항목		가중치	
BSI	제조업	수출 전망 가동률 전망 자금사정 전망	0.150 0.150 0.150	0.45	
	비제조업	업황 전망 자금사정 전망	0.150 0.150	0.30	
CSI		가계수입 전망 소비지출 전망	0.125 0.125	0.25	

자료: 한국은행

터 2015년 12월까지 기간의 경제심리지수 평균이 100이 된다는 것을 의미한다. 또한 경제심리지수 순환변동치는 경제심리의 순환적 흐름을 파악하기 위해 ESI 원계열에서 계절 및 불규칙 변동을 제거하여 산출한 것이다.

경제심리지수는 BSI 및 CSI 지수(각각 40개 및 24개) 중 경기 대응성이 높은 7개 항목을 선정하여 이들의 표준화지수를 가중평균한 다음 지수의 장기 평균이 100, 표준편차가 10이 되도록 재조정하여 산출한다. 구성 항목 및 가중치는 경제심리지수가 대표적 실물경제 지표인 GDP에 높은 설명력과 대응성을 가지도록 선정한다.

경제심리지수 추이를 보면 [그림 5-8]과 같다. 2012년 6월 이후 거의 100 이하에서 움직이고 있다. 기업과 가계, 즉 민간의 경제심리가 과거 평균보다 낮다는 것을 의미한다. ESI 원계열에서 계절 및

▶ **그림 5-8 경제심리지수 추이**

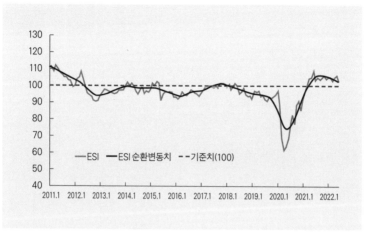

주: ESI의 기준치 100은 2003~2021년 중장기 평균
자료: 한국은행

불규칙 요인을 제거한 경제심리지수 순환변동치도 2012년 3월부터 2016년 2월까지 100을 넘어본 적이 없을 정도로 민간 부문의 경제 심리는 위축되었다. 2017년 10월 이후 100을 넘었다가 다시 낮아졌으며, 2020년 코로나19 이후 급락했다. 그러나 2021년 들어 100을 넘기며 희망을 보여주고 있다.

▶ 표 5-3 2021년 12월 이후 경제심리지수 추이

			2021년 12월	2022년 1월	2월	3월	4월	5월	6월
ESI			104.5	105.6	105.7	103.4	105.7	106.7	102.5
(전월 대비 지수차)			-1.7	+1.1	+0.1	-2.3	+2.3	+1.0	-4.2
BSI	제조업	수출 전망	+0.3	-0.4	+0.1	-0.4	+0.4	+0.1	-0.8
		가동률 전망	+0.2	-0.0	-0.3	-0.2	+0.2	+0.1	-0.3
		자금사정 전망	+0.8	-0.4	+0.2	-1.7	+0.6	+0.2	-0.5
	비제조업	업황 전망	-0.9	+0.7	+0.4	-0.5	+0.5	+0.4	-1.1
		자금사정 전망	-0.6	+0.9	+0.2	-0.5	+0.6	+0.0	-0.7
CSI		가계수입 전망	-0.3	0.0	-0.3	0.0	0.0	-0.3	-0.3
		소비지출 전망	-1.2	+0.3	-0.2	+1.0	0.0	+0.5	-0.5
ESI 순환변동치			106.1	105.7	105.1	104.4	103.8	103.2	102.5

자료: 한국은행

'기업 및 소비자실사지수' 지표로 보는 부의 흐름

☑ 기업실사지수(BSI)는 기업에 대한 직접 설문 조사를 통해 체감 경기를 파악한 지표이다.

☑ 기업실사지수를 조사할 때는 전망치와 최근 실적을 함께 조사하는데, 전망치가 실적치보다 높다면 낙관적인 예측에 비해 경기가 나빴음을 의미한다.

☑ 일반적으로 한국은행의 BSI가 한국경제연구원의 BSI보다 낮은 것은 조사 대상에 중소기업을 포함하기 때문이다.

☑ 소비자심리지수(CCSI)는 경제에 대한 소비자의 전반적인 인식을 종합적으로 판단하는 지표이다.

☑ 경제심리지수(ESI)는 기업과 소비자 모두를 포함해 경제 상황에 대한 민간의 심리를 종합적으로 파악하기 위해 BSI 및 CSI 지수를 합성한 지표이다.

6장

미래를 위한
전 세계적인 관심사:
고용

한눈에 보는 고용지표 읽는 법

▶ 통계청 웹사이트의 '새소식' 하위의 '보도자료' 메뉴에서 '고용 동향' 등으로
검색하면 월별 고용 동향 지표를 구할 수 있다.

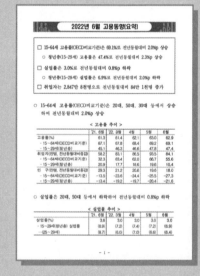

월별 고용 동향을 인포그래픽과 표로 요약하여 보여준다.

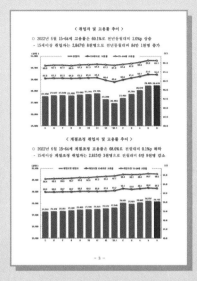

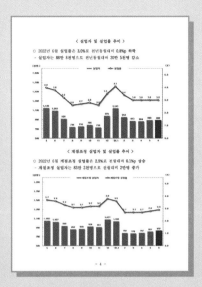

취업자 수와 고용률, 실업자 수와 실업률의 월별 추이를 그래프로 나타낸다.

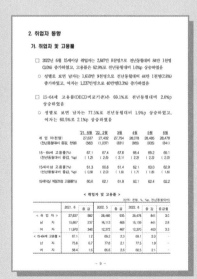

취업자를 연령 계층별, 산업별, 직업별, 종사상 지위별, 취업 시간대별로 구분하여 각각 분석한다.

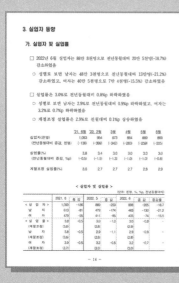

실업자를 연령 계층별, 교육 정도별, 취업 경험 유무별로 분석하고 비경제활동인구를 성별, 활동 상태별로 파악한다.

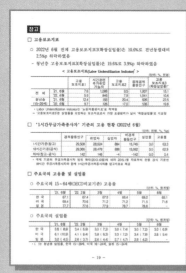

고용률과 실업률의 입체적 이해를 위한 비교 지표들을 소개하고 광역자치단체별 고용률과 실업률 통계를 나타낸다.

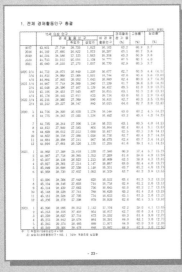

전체 경제활동인구와 취업자, 실업자, 경제활동 참가율, 고용률, 실업률 등의 추이를 통계표로 제시한다.

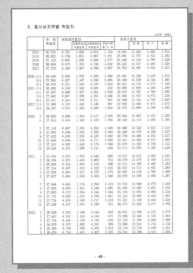

연령 계층별, 산업별, 직업별, 종사상 지위별, 취업 시간대별 취업자와 그 증감률 추이를 통계표로 제시한다.

고용 동향이 의미하는 것

현대 경제에서 '일자리'가 갖는 중요성은 매우 크다. 2017년 1월 출범한 미국의 트럼프 행정부는 대선 당시 이민 정책 변화를 통한 '일자리 회복'을 최대 공약으로 내걸었고 정부 출범 이후에도 일자리 확대에 전력을 기울였다. 뒤이어 2017년 5월에 출범한 문재인 정부도 청와대에 '일자리 상황판'을 설치해놓고 실시간으로 점검할 만큼 일자리 문제에 깊은 관심을 두었다. 2022년 5월 출범한 윤석열 정부 역시 일자리 확대에 정책의 우선순위를 놓고 있다. 일자리는 가계의 가장 중요한 소득원인 만큼 국민 전체의 눈길이 쏠리는 것이 당연한

데, 이 일자리에 관한 경제지표를 볼 수 있는 것이 '고용 동향'이다.

'고용 동향'은 통계청이 발표하는데, 매월 두 번째 수요일에 지난 달의 고용 동향을 발표한다. 우리나라 15세 이상 인구를 경제활동인구와 비경제활동인구로 구분하고, 경제활동인구를 취업자와 실업자로 구분한다. 또한 고용률, 실업률, 산업별 취업자 현황 등 다양한 통계를 제공한다.

뒤에 소개하는 [그림 6−1]은 2022년 7월 13일에 발표한 2018년 6월의 고용 동향 요약이다. 이를 보기에 앞서 고용지표를 정확하게 이해하기 위해 주요 용어에 대해 알아볼 필요가 있다. 통계청의 용어 정의는 다음과 같다.

① 15세 이상 인구

  : 조사 대상 월 15일 현재 만 15세 이상인 자

② 경제활동인구

  : 만 15세 이상 인구 중 조사 대상 기간 동안 상품이나 서비스를 생산하기 위하여 실제로 수입이 있는 일을 한 취업자와 일을 하지는 않았으나 구직활동을 한 실업자의 합계

③ 취업자

  a. 조사 대상 주간에 수입을 목적으로 1시간 이상 일한 자

  b. 동일 가구 내 가족이 운영하는 농장이나 사업체의 수입을

위하여 주당 18시간 이상 일한 무급 가족 종사자

   c. 직업 또는 사업체를 가지고 있으나 일시적인 병 또는 사고, 연가, 교육, 노사분규 등의 사유로 일하지 못한 일시 휴직자

④ 시간 관련 추가 취업 가능자

   : 실제 취업 시간이 36시간 미만이면서, 추가 취업을 희망하고 추가 취업이 가능한 자

⑤ 실업자

   : 조사 대상 주간에 수입 있는 일을 하지 않았고, 지난 4주간 일자리를 찾아 적극적으로 구직활동을 했던 사람으로서 일자리가 주어지면 즉시 취업이 가능한 자

⑥ 비경제활동인구

   : 만 15세 이상 인구 중 조사 대상 기간에 취업도 실업도 아닌 상태에 있는 자

⑦ 잠재취업가능자

   : 비경제활동인구 중에서 지난 4주간 구직활동을 했으나, 조사 대상 주간에 취업이 가능하지 않은 자

⑧ 잠재구직자

   : 비경제활동인구 중에서 지난 4주간 구직활동을 하지 않았지만, 조사 대상 주간에 취업을 희망하고 취업이 가능한 자

⑨ 잠재경제활동인구 = 잠재취업가능자 + 잠재구직자

▶ 그림 6-1 2022년 6월 고용 동향 요약

자료: 통계청

⑩ 확장경제활동인구 = 경제활동인구 + 잠재경제활동인구

⑪ 경제활동참가율(%) = (경제활동인구 ÷ 15세 이상 인구) × 100

⑫ 고용률(%) = (취업자 ÷ 15세 이상 인구) × 100

⑬ 실업률(%) = (실업자 ÷ 경제활동인구) × 100

⑭ 고용보조지표 1(%) = (시간 관련 추가 취업 가능자 + 실업자) ÷ 경제활동인구 × 100

⑮ 고용보조지표 2(%) = (실업자 + 잠재경제활동인구) ÷ 확장경제활동인구 × 100

⑯ 고용보조지표 3(%) = (시간 관련 추가 취업 가능자 + 실업자 + 잠재경제활동인구) ÷ 확장경제활동인구 × 100

▶ **그림 6-2 고용보조지표 구조도**

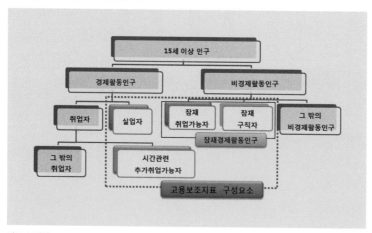

자료: 통계청

● 고용과 관련한 통계청 Q&A ●

☑ 1주일에 1시간만 일해도 취업자인가요?

ILO에서는 수입을 목적으로 조사 대상 주간(1주) 동안 1시간 이상 일한 사람을 취업자로 정의하고 있습니다. 그러나 일반적으로 취업자라고 하면 사업체에 출근하거나 자기 사업을 하면서 주 5일 이상 일하는 사람을 떠올리기 쉬운데, ILO 기준에 따르면 근로 형태를 가리지 않고 수입을 목적으로 1주 동안 1시간 이상 일했다면 모두 취업자라고 정의하고 있습니다.

☑ 취업 기준은 왜 1시간인가요?

기본적으로 경제활동인구 조사는 경제정책에 필요한 거시경제지표를 만들어내는 통계조사이기 때문입니다. 한 나라의 총생산을 측정하기 위해서는 취업자 수와 근로시간에 기초한 총노동투입량이 필요한데, 이를 계산하기 위해서는 수입을 목적으로 1시간 이상 수행된 모든 일이 파악되어야 합니다. 특히 고용 상황이 변하면서 단시간 근로, 부정기 근로, 교대 근로 등 다양한 취업 형태가 나타나고 있으므로 이러한 형태의 취업을 모두 포함하기 위해서는 수입을 목적으로 1시간 이상 일한 모든 사람을 취업자로 파악할 필요가 있습니다.

☑ 학생이 아르바이트를 하면서 입사원서도 냈다면 취업자인가요, 실업자인가요?

학교에 다니는 학생이므로 비경제활동인구이기도 하고, 아르바이트를 하고 있으므로 취업자의 정의에도 부합합니다. 또한 입사원서도 제출한 것으로 볼 때 구직활동을 수행한 실업자라고도 볼 수 있습니다. ILO에서는 이러한 복수의 활동 상태를 가지게 되는 사람이 취업자, 실업자, 비경제활동인구 중 반드시 하나의 활동 상태에만 배타적으로 귀속되도록 우선성 규칙(Priority rule)을 적용하도록 하고 있습니다.

우선성 규칙은 노동력조사에서 경제활동 상태가 취업인 사람을 먼저 파악하고, 나머지 사람들 중에서 실업자를 파악한 뒤 마지막으로 남은 사람들을 비경제활동인구로 간주하는 규칙입니다.

그 결과 항상 취업자를 실업자와 비경제활동인구보다 우선적으로 파악하고, 실업자는 비경제활동인구보다 우선적으로 파악하게 되는 것입니다.

따라서 사례에서처럼 아르바이트를 했다면 그 사람이 학교를 다니고 있든지 또는 구직활동을 하고 있든지 여부와 상관없이 취업자가 되는 것입니다. 이 규칙 때문에 우리나라에 거주하는 15세 이상 모든 인구는 빠짐없이 취업자, 실업자, 비경제활동인구 중 하나의 활동 상태에 있게 됩니다.

☑ 일을 하지 않는 사람은 모두 실업자 아닌가요?

ILO에서는 실업자를 지난 1주 동안 일을 하지 않았고(Without work), 일이 주어지면 일을 할 수 있고(Availability for work), 지난 4주간 적극적인 구직활동을 수행(Seeking work)한 사람이라고 정의하고 있습니다.

또한 일자리를 구하려는 의중(意中)만 있다고 해서 실업자가 되는 것이 아니라 반드시 실제 활동(Activity principle)이 뒷받침되어야 합니다. 따라서 아무런 구직활동도 하지 않고 막연히 쉰 사람이라면 경제활동인구조사에서는 실업자로 파악되지 않습니다.

따라서 우리 주변에서 흔히 볼 수 있는 취업을 준비하는 사람이나, 아르바이트를 하는 사람, 은퇴 후 쉬고 있는 사람 등은 주관적으로 자신을 실업자라고 생각할 수 있으나, 이러한 사람들은 국제 기준에 따른 실업자

요건 3가지를 갖추지 못해 경제활동인구 조사에서는 실업자로 분류되지 않습니다.

☑ 잠재경제활동인구는 실업자인가요?

실업자는 ① 일을 하지 않았고, ② 일이 주어지면 일을 할 수 있고, ③ 지난 4주간 적극적인 구직활동을 한 사람입니다. 잠재경제활동인구도 일을 하지 않았고 일을 희망하고 일이 주어지면 할 수 있지만, 대부분 구직활동을 하지 않아 실업자 조건에 부합하지 않으므로 비경제활동인구입니다.

☑ 어떤 사람들이 잠재경제활동인구인가요?

잠재경제활동인구는 잠재취업가능자와 잠재구직자로 구성됩니다. 잠재취업가능자에는 구직활동을 했으나 조사 대상 주간에 본인이 아프거나 돌봐야 할 가족이 있어서 일을 할 수 없었던 자가 해당됩니다. 잠재구직자에는 지난 4주간 적극적으로 구직활동을 하지 않았지만, 일을 희망하고 일이 주어지면 즉시 일을 할 수 있는 자가 해당됩니다. 조사 대상 기간에 원서 접수나 시험 응시 등 적극적인 구직활동을 하지 않았지만 일을 희망하고 가능한 자, 근로조건이 맞는 일거리가 없어서 잠시 쉬고 있지만 일을 희망하고 할 수 있는 자 등이 잠재구직자에 해당됩니다.

☑ 고용지표에 계절성이 있다는데 무슨 말인가요?

취업자, 실업자, 비경제활동인구와 같은 고용지표들이 경기적 요인에 따라 변동하기도 하지만, 계절적 요인, 불규칙 요인 등 비경기적 요인에 따라서도 변동하므로 이를 해석할 때는 이러한 점을 모두 감안해야 합니다. 경제활동인구 조사에서는 매월 조사 대상 주간 동안의 실제 활동 상태를 측정하기 때문에 농번기(4~10월)에는 농림어업 취업자 수가 증가하고, 농한기(11~3월)에는 농림어업 취업자 수가 감소하는 경향이 있습니다. 전체 취업자 수도 이러한 농림어업 취업자 수와 같이 계절적으로 변동하는 취업자 수의 영향을 받아 변동하게 됩니다. 실업자 수도 졸업과 각종 채용시험 등으로 인해 사람들의 구직활동이 활발해지는 1~3월에 크게 증가하는 경향을 보입니다.

이처럼 우리나라 고용지표들은 계절에 따라 변동성이 크므로 단지 전 월에 비해 취업자 수나 실업자 수가 증가 또는 감소했다고 해서 이를 경기 상승 또는 경기 둔화로 보는 것은 지표의 의미를 잘못 해석하는 것입니다. 이러한 이유로 고용지표는 전년 동월 대비 지표의 변화를 보는 것이 일반적입니다. 다만 전년 동월 대비 지표의 변화는 전년 동월의 지표 수준에 영향을 받기 때문에 최근의 경기 동향을 분석하는 데 한계가 있을 수 있습니다.

만약 최근의 경기 동향을 분석하기 위해 지표를 전월과 비교할 필요가 있을 때는 원지표가 아닌 계절성을 제거한 계절조정지표를 통해 비교하는 것이 바람직합니다. 물론 계절조정지표에도 공통적인 계절성만 제거된 것일 뿐, 천재지변과 같은 불규칙 요인까지 제거된 것이 아니기 때문에 신중하게 해석할 필요가 있습니다.

02

경제의 건강성을 보여주는 실업률과 고용률

2022년 6월 고용 동향의 내용을 상세하게 살펴보자. 2022년 6월 기준 우리나라의 15세 이상 인구는 4,524만 9,000명이고, 이 중에서 2,936만 6,000명이 경제활동을 하고 있다. 15세 인구 중 경제활동을 하는 비율을 경제활동참가율이라 하는데, 2022년 6월 경제활동참가율은 64.9%였다. 경제활동인구는 취업자와 실업자로 구성되어 있는데, 2,847만 8,000명이 취업했고 나머지 88만 8,000명은 실업자였다. 이에 따라 실업률(실업자/경제활동인구)은 3%였다.

한편 통계청에서는 청년(15~29세) 실업률을 따로 작성해서 발표

(단위: 천 명)

	15세 이상 연구				경제 활동 참가율 (%)	고용률 (%)	실업률 (계절조정) (%)
		경제활동인구		비경제 활동인구			
			취업자	실업자			
2015	43,239	27,153	26,178	976	16,086	62.8	60.5	3.6
2016	43,606	27,418	26,409	1,009	16,187	62.9	60.6	3.7
2017	43,931	27,748	26,725	1,023	16,183	63.2	60.8	3.7
2018	44,182	27,895	26,822	1,073	16,287	63.1	60.7	3.8
2019	44,504	28,186	27,123	1,063	16,318	63.3	60.9	3.8
2020	44,785	28,012	26,904	1,108	16,773	62.5	60.1	4.0
2021	45,080	28,310	27,273	1,037	16,770	62.8	60.5	3.7
2022.06	45,249	29,366	28,478	888	15,882	64.9	62.9	2.9

자료: 통계청

한다. 2022년 6월 기준 청년 실업률은 6.9%이다. 해마다 2월에는 청년 실업률이 더 높아지곤 한다. 2월에는 대학을 졸업하고 직장을 잡지 못한 졸업생이 많아 다른 달보다 실업률이 높게 나타나기 때문이다.

경제지표 중 매우 중요한 통계가 고용률이다. 고용률은 15세 이상 노동가능인구 중에서 취업자가 차지하는 비중으로, 2022년 6월 기준 62.9%로 나타났다. 한편 경제협력개발기구OECD에서는 15~64세 고용률을 기준으로 제시하고 있는데, OECD 기준 고용률은 2022년 6월 기준 69.1%로 15세 이상 고용률보다 높다.

03

어떤 산업에서 얼마나 고용을 창출했는가: 산업별 취업자

통계청에서는 매월 각 산업에서 고용을 얼마나 창출했는지를 조사하여 발표한다. 우선 산업별로 보면 전체 취업자 중 농림어업이 차지하는 비중은 2022년 6월 기준 5.7%이다. 이 비율은 2008년 7.2%였으나 계속 감소 추세를 나타내고 있다. 제조업 비중은 15.7%로 15~18% 정도에서 큰 변동은 없다. 나머지를 사회간접자본 및 기타 서비스업으로 분류하고 있는데, 이들이 고용의 77.1%로 대부분을 차지하고 있다. 앞으로 공장 자동화가 진행되면서 제조업 비중은 지속적으로 줄어들 전망이다.

▶ **표 6-2 산업별 취업자 추이**

(단위: 천 명)

	전체 취업자	농림 어업	광공업	제조업	사회간접자본 및 기타 서비스업	전기, 가스	수도, 하수, 폐기물	건설업	도매및 운수업	운수및 장고업	숙박및 음식점업
2017	26,725	1,279	4,589	4,566	20,857	72	115	1,988	3,795	1,405	2,288
2018	26,822	1,340	4,529	4,510	20,953	70	127	2,034	3,723	1,407	2,243
2019	27,123	1,395	4,444	4,429	21,284	68	135	2,020	3,663	1,431	2,303
2020	26,904	1,445	4,389	4,376	21,071	74	153	2,016	3,503	1,482	2,144
2021	27,273	1,458	4,380	4,368	21,435	71	169	2,090	3,353	1,586	2,098
2022.6	28,478	1,677	4,508	4,498	22,294	76	145	2,185	3,304	1,694	2,188
(비중, %)	100	5.9	15.8	15.8	78.3	0.3	0.5	7.7	11.6	5.9	7.7

자료: 통계청

어떤 직종이 얼마나 고용을 창출했는가: 종사별 취업자

종사별로 고용 통계를 분류하면 임금근로자와 비임금근로자로 구분된다. 비임금근로자 중 자영업자는 2022년 6월 기준 558만 명으로, 취업자 중 21.2%를 차지하고 있다. OECD 자영업자 비율 평균이 15% 내외인 것을 고려하면 우리나라는 자영업자 비중이 매우 높다. 특히 OECD 자영업자 분류에는 무급 가족 종사자까지 포함된다는 점을 고려하면, 상대적 비율이 더 높아진다.

▶ 표 6-3 종사자별 취업자 추이

(단위: 천 명)

	전체 취업자	비임금근로자				임금근로자			
			고용원 있는 자영업자	고용원 없는 자영업자	무급 가족 종사자		상용	임시	일용
2017	26,725	6,791	1,608	4,074	1,110	19,934	13,428	4,992	1,514
2018	26,822	6,739	1,651	3,987	1,101	20,084	13,772	4,851	1,460
2019	27,123	6,683	1,538	4,068	1,077	20,440	14,216	4,795	1,429
2020	26,904	6,573	1,372	4,159	1,042	20,332	14,521	4,483	1,328
2021	27,273	6,520	1,307	4,206	1,007	20,753	14,887	4,634	1,231
2022.6	28,478	6,734	1,401	4,307	1,027	21,744	15,729	4,813	1,202
(비중, %)	100	23.6	4.9	15.1	3.6	76.4	55.2	16.9	4.2

자료: 통계청

'고용'지표로 보는 부의 흐름

☑ 고용 동향은 15세 이상 인구를 경제활동인구와 비경제활동인구, 경제활동인구를 취업자와 실업자로 구분한 후 고용률, 실업률, 산업별 취업자 현황 등을 파악한 지표이다.

☑ 고용률은 15세 이상 노동가능인구 중에서 취업자가 차지하는 비중을 나타낸 것으로 매우 중요한 경제통계이다.

☑ 실업률은 경제활동인구 중 실업자의 비중을 나타낸다. 실업자는 조사 대상 주간에 수입 있는 일을 하지 않았고, 지난 4주간 일자리를 찾아 적극적으로 구직활동을 했던 사람으로서 일자리가 주어지면 즉시 취업이 가능한 사람을 말한다.

☑ 산업별 취업자 통계에서 농림어업의 비중이 매우 낮고, 제조업은 완만하게 줄어드는 추세이며, 사회간접자본 및 기타 서비스업의 비중이 높다.

☑ 종사별로 고용 통계를 분류하면 임금근로자와 비임금근로자로 구분된다. 한국은 비임금근로자 중 자영업자의 비중이 매우 높다.

7장

가계와 기업
경제의 풍향계:
물가

한눈에 보는 물가지표 읽는 법

▶ 통계청 웹사이트의 '보도자료' 메뉴에서 '물가' 등으로 검색하면 월별 물가지표를 구할 수 있다.

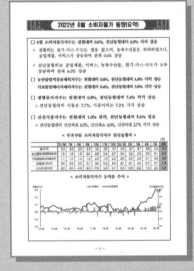

해당하는 달의 소비자물가지수와 연도별 변화, 월별 변화 등의 요약 자료를 인포그래픽과 그래프로 간략히 볼 수 있다.

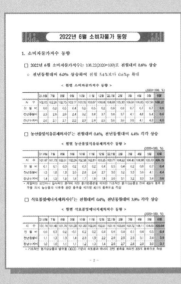

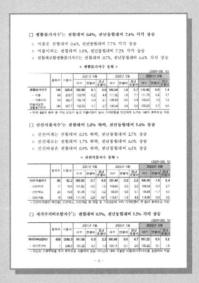

소비자물가지수, 농산물 및 석유류 제외 지수, 식료품 및 에너지 제외 지수, 생활물가지수,
신선식품지수, 자가주거비 포함 지수 등의 동향을 보여준다.

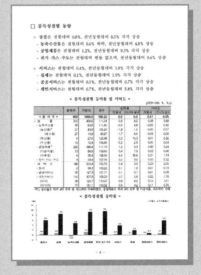

소비자물가지수의 지출 목적별, 품목 성질별, 지역별 동향을 분석하여 제시한다.

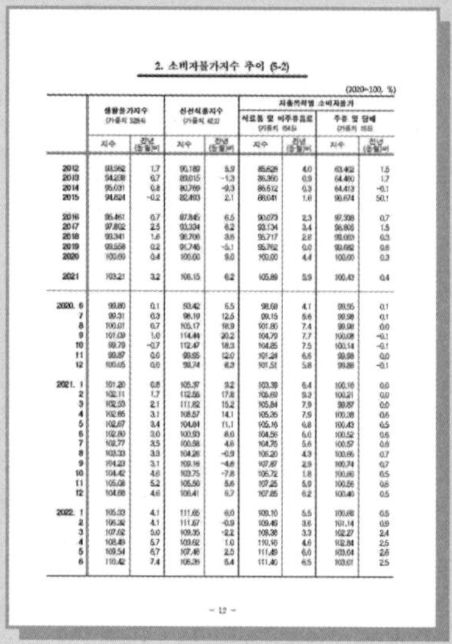

(2020=100, %)

(2020=100, %)

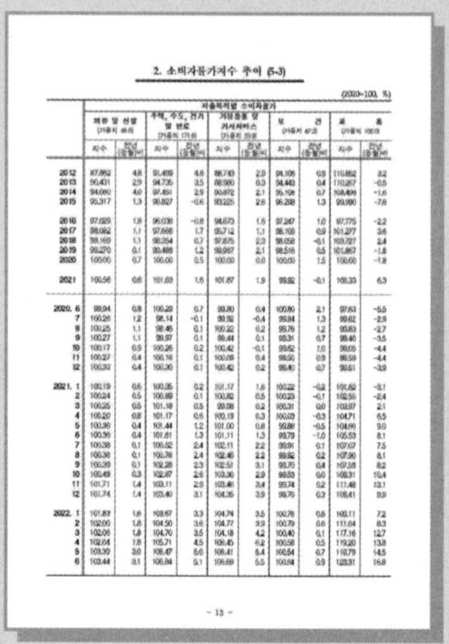

(2020=100, %)

(전년동월비, %)

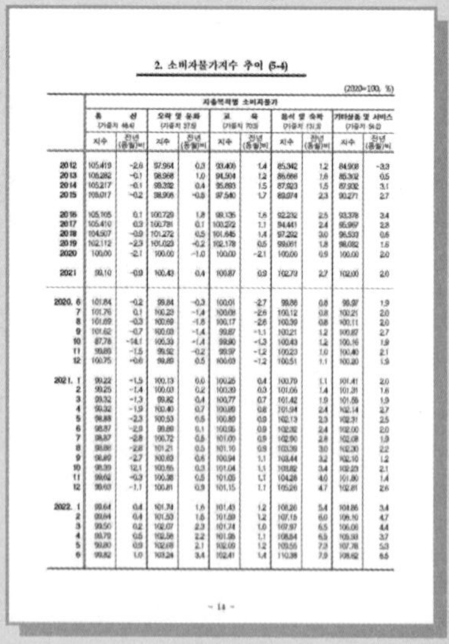

연월	OECD	미국	일본	중국	영국	EU	독일	프랑스

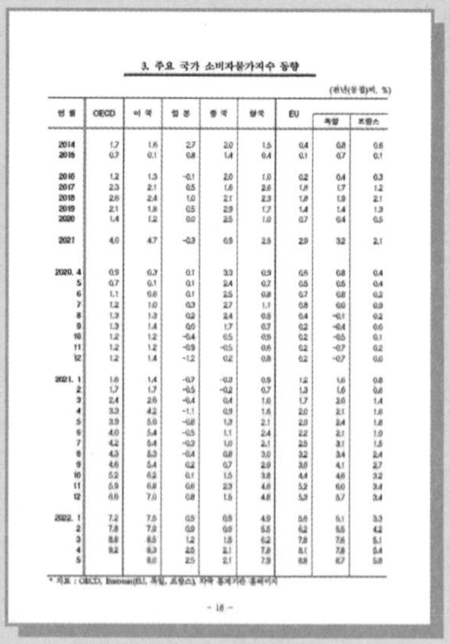

소비자물가지수의 연도별, 최근 월별 변화 추이를 분석할 수 있는 통계표를 실었으며 주요 국가의 소비자물가지수 동향을 나타내 비교할 수 있다.

부록으로 소비자물가지수가 무엇인지, 어떻게 조사하는지, 어떻게 보는지 등에 대해 설명한다.

소비자물가지수와 관련해 자주 나오는 질문 등에 대해 답하고 소비자물가를 공표하는 일정도 소개한다.

물가지수란 무엇인가

우리는 일상에서 늘 물가와 부대끼며 산다. 경제활동을 영위하기 위해서는 무엇인가를 살 수밖에 없는데, 물가는 우리가 사들이는 제품과 서비스의 가격을 결정하기 때문이다.

언론을 통해 대학 등록금, 버스나 지하철 등의 교통요금, 가스요금 등의 공공요금이 올라서 가계가 어려움을 겪는다는 이야기를 자주 접한다. 또한 식료품 가격이 올라서 장보기가 두렵다는 주부들의 인터뷰도 방송 뉴스에 단골로 등장한다.

그런데 물가는 가계에만 영향을 끼치는 것이 아니다. 기업은 생산을 위해 사들이는 원자재 등의 가격에 민감할 수밖에 없다. 그리고 물가 상승은 인건비 상승의 직접적인 원인이 되기도 한다. 이처럼 물가는 가계의 소비나 기업의 생산 등 국민경제 모든 부문에 영향을 준다.

물가의 구조에 대해 구체적으로 살펴보자. 우리가 재화나 서비스를 구매할 때 지불하는 돈의 액수를 가격이라 한다. 거의 모든 상품과 서비스에는 가격이 붙어 있다. 그런데 가격은 각 재화나 서비스의 수요와 공급 조건 혹은 기간에 따라 오르거나 떨어진다.

사과 등 과일 가격이 올랐을 때, 이것을 사는 사람은 물가가 올랐다고 한다. 그러나 싼 가격에 컴퓨터를 구매한 사람은 물가가 떨어졌다고 한다. 이처럼 내가 사는 재화나 서비스의 종류에 따라 물가를 다르게 느낄 수도 있다.

그래서 여러 재화나 서비스 가격을 종합적으로 파악하여 물가를 측정한다. 즉 시장에서 거래되는 여러 상품의 가격을 일정한 거래 기준에 따라 가중평균한 종합적인 가격 수준을 구하고, 이것을 물가라 한다. 또한 물가의 움직임을 한눈에 알아볼 수 있도록 기준 연도를 100으로 하여 지수화한 것을 물가지수Price Index라 한다. 우리나라에서는 다양한 물가지수가 발표되는데, 이것들의 작성기관과 주요 특징을 보면 [표 7-1]과 같다.

▶ 표 7-1 물가지수의 종류

종류	작성기관	특징
생산자물가지수	한국은행	국내에서 생산하여 국내시장에 출하되는 모든 재화와 서비스를 조사 대상으로 함
가공 단계별 물가지수	한국은행	원재료, 중간재, 최종재 등 가공 단계별로 조사, 생산자 물가의 보조 수단
소비자물가지수	통계청	소비자가 일상생활을 위해 구입하는 재화의 가격과 서비스 요금 변동 조사
수출입물가지수	한국은행	수출입 상품의 가격변동 조사, 교역 조건 등 파악
농가판매 및 구입가격지수	농협중앙회	농가가 생산한 농산물의 판매 가격, 영농 및 소비에 필요한 재화와 용역 가격
GDP 디플레이터	한국은행	재화와 서비스의 국내 가격뿐만 아니라 수출입 가격의 변동까지 포함

02

가계가 느끼는 물가의 수준, 소비자물가지수

앞에서 물가의 개념을 알아보고, 다양한 물가지수가 있다는 것도 확인했다. 그런데 이 여러 가지 물가지수 중에서 가장 중요하게 여기는 것이 소비자물가지수이다. 물가에 가장 민감한 가계가 느끼는 물가 수준을 다루고 있기 때문이다. 소비자물가지수는 가계가 소비 생활을 하면서 실제로 구매하는 상품과 서비스 가격을 조사하여 지수화한 것이다. 그래서 각국 중앙은행들이 통화정책을 운용할 때는 일반적으로 물가 안정의 지표로 소비자물가지수를 채택한다.

한국은행은 '물가 안정'을 중요한 업무 목표 중 하나로 삼고 있는

데, 이때 기준으로 삼는 지표가 소비자물가지수이다. 한국은행은 「한국은행법」 제6조 제1항에 의거 정부와 협의하여 물가안정목표를 설정하고 있다. 2019년 이후 물가안정목표는 소비자물가상승률 (전년 동기 대비) 기준 2%이다. 한국은행은 중기적 시계에서 소비자물가상승률이 물가안정목표에 근접하도록 통화신용정책을 운영하며, 소비자물가상승률이 목표 수준을 지속적으로 상회하거나 하회할 위험을 균형 있게 고려한다

소비자물가지수는 매월 초 통계청이 작성하여 발표한다. 소비자물가지수를 다루는 별도의 웹사이트(http://kostat.go.kr/income Ncpi/cpi/)도 운영하고 있다.

[표 7–2]는 2022년 7월에 통계청이 발표한 2022년 6월 소비자물가 동향이다. 통계청은 2020년을 기준 연도(100)로 하여 소비자물가

▶ **표 7-2 월별 소비자물가지수 동향**

(2020=100, %)

	2021년 6월	7월	8월	9월	10월	11월	12월	2022년 1월	2월	3월	4월	5월	6월
지수	102.05	102.26	102.75	103.17	103.35	103.87	104.04	104.69	105.30	106.06	106.85	107.56	108.22
전월비	0.0	0.2	0.5	0.4	0.2	0.5	0.2	0.6	0.6	0.7	0.7	0.7	0.6
전년 동월비	2.3	2.6	2.6	2.4	3.2	3.8	3.7	3.6	3.7	4.1	4.8	5.4	6.0
전년 누계비	2.0	2.1	2.1	2.2	2.3	2.4	2.5	3.6	3.6	3.8	4.1	4.3	4.6

자료: 통계청

지수를 작성한다.

그런데 이 표를 살펴볼 때는 약간의 주의가 필요하다. 특히 전년 동월비와 전년 누계비의 차이를 구별할 필요가 있다. 2022년 6월 에는 '전년 동월비 6.0%'로 표시되어 있는데, 이는 2022년 6월 소비 자물가가 2021년 6월보다 6.0% 올랐다는 이야기다. 그런데 2022년 6월의 '전년 누계비'는 4.6%이다. 이것은 2022년 1월에서 6월까지 소비자물가가 2021년 1~6월과 비교할 때 평균 4.6% 올랐다는 뜻 이다.

2022년 들어 한국의 소비자물가상승률은 한국은행이 목표치 로 제시한 수준인 2%보다 훨씬 높은 수준으로 우려를 낳고 있다. 2013년과 2014년 소비자물가상승률은 1.3%였으며, 2015년 0.7%, 2016년 1.0%, 2017년 1.9%, 2018년 1.5%, 2019년 0.4%, 2020년

▶ 그림 7-1 소비자물가지수 등락률 추이

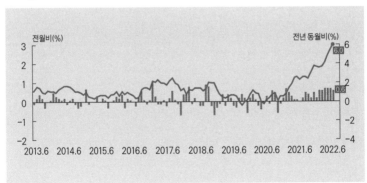

▶ 그림 7-2 소비자물가지수 계산 사례

2015년 지출	2015년의 월 지출액
월세(방 2개 아파트)	1,000,000원
비빔밥(60그릇, 각 8,000원)	480,000원
영화 티켓(10장, 각 6,000원)	60,000원
스웨터(4벌, 각 25,000원)	100,000원
총지출액	1,640,000원

2020년 지출	2020년의 월 지출액
월세(방 2개 아파트)	1,300,000원
비빔밥(60그릇, 각 10,000원)	600,000원
영화 티켓(10장, 각 9,000원)	90,000원
스웨터(4벌, 각 30,000원)	120,000원
총지출액	2,110,000원

CPI = 2,110,000 / 1,640,000 = 1.29

0.5%, 2021년 2.5% 상승해 과거에 비해 물가가 안정적으로 유지되었다. 한국은행은 2016~2018년 3년 동안 소비자물가상승률 목표치를 2%로 설정하고, 물가상승률이 여기에서 위아래로 0.5%p 이상 벗어나면 한국은행 총재가 직접 나서서 그 원인을 설명하고 대응책을 발표하기도 했다.

● 소비자물가지수 개요 ●

① 개념: 소비자물가지수는 가구에서 일상생활을 영위하기 위해 구입하는 상품과 서비스의 가격 변동을 측정하기 위해 작성한 지수

② 지수 기준 연도: 2020 = 100

③ 조사 품목: 상품 및 서비스 460개 품목

④ 가중치: 2020년 전국 가구(농ㆍ어가 제외) 월평균 소비지출액에서 각 품목의 소비지출액이 차지하는 비중으로서 1,000분비로 산출

⑤ 가격 조사: 서울, 부산, 대구, 광주 등 38개 지역에서 조사

> • 농축수산물, 석유류: 월 3회 조사(초순, 중순, 하순 주중 1일)
> • 공업 제품: 월 1회 조사(중순)
> • 전기·수도·가스: 월 1회 조사(하순)
> • 서비스: 월 1회 조사(하순)
> • 집세: 월 1회 조사(초순)

⑥ 계산식: 2020년 기준 가중산술평균 방식(라스파이레스 산식)

$$L_{2015,\,t}^{2015=100} = \frac{\sum (P_i^t Q_i^{2015})}{\sum (P_i^{2015} Q_i^{2015})} \times 100 = \sum W_i^{2015} (P_i^t / P_i^{2015}) \times 100,$$

$$W_i^{2005} = \frac{(P_i^{2015} Q_i^{2015})}{\sum (P_i^{2015} Q_i^{2015})}$$

* L: 지수, P: 가격, Q: 수량, W: 가중치, t: 가격조사시점, i: 품목

⑦ 지수의 종류

• 농산물 및 석유류 제외 지수: 계절적인 요인이나 일시적인 충격에 의한 물가 변동분을 제외하고 장기적인 추세를 파악하기 위해 곡물 외

의 농산물과 석유류 품목을 제외한 407개 품목으로 작성한 지수

- 식료품 및 에너지 제외 지수: 농산물과 석유류 외에도 축산물, 수산물, 가공식품, 전기, 지역난방비 등의 품목을 제외한 317개 품목으로 작성한 지수
- 생활물가지수: 체감 물가를 설명하기 위해 구입 빈도가 높고 지출 비중이 높아 가격 변동을 민감하게 느끼는 141개 품목으로 작성한 지수
- 신선식품지수: 신선 어개 · 채소 · 과실 등 기상 조건이나 계절에 따라 가격 변동이 큰 50개 품목으로 작성한 지수
- 지출 목적별 분류 지수: 소비지출의 목적에 따라 분류하여 작성한 지수(12개 대분류)
- 품목 성질별 지수: 조사 대상 품목의 특성에 따라 상품(308개)과 서비스(152개)로 구분하여 작성한 지수
- 자가주거비 포함 지수: 자가주거비*를 소비자물가지수에 포함한 지수
  *자신의 소유 주택을 주거 목적으로 사용하여 얻는 서비스에 지불하는 비용으로 소유 주택과 유사한 주택을 임차(賃借)할 경우 지불할 것으로 예상되는 비용 측정

⑧ 지수를 보는 방법

- 변동률
  - 전월(년)비: 전월(년)과 비교한 금월(년)의 물가 수준 변동률

$$전월(년)비 = \frac{금월(년) \ 지수 - 전월(년) \ 지수}{전월(년) \ 지수} \times 100$$

  - 전년 동월비: 전년도 같은 달과 비교한 금월의 물가 수준 변동률

$$전년동월비 = \frac{금월 \ 지수 - 전년 \ 동월 \ 지수}{전년 \ 동월 \ 지수} \times 100$$

- 전년누계비: 금년 1월부터 금월까지의 물가 수준(평균)을 전년 동기간 물가 수준(평균)과 비교한 변동률

$$전년누계비 = \frac{금년 \ 동 \ 기간 \ 평균 \ 지수 - 전년 \ 동 \ 기간 \ 평균 \ 지수}{전년 \ 동 \ 기간 \ 평균 \ 지수} \times 100$$

※ 12월 전년누계비(1 · 12월 평균)는 연평균 변동률이 됨

- 기여도: 개별 품목의 변동[전월(년)비, 전년동월(기)비]이 총지수의 변동률에 기여하는 정도를 나타내는 지표

$$기여도 = \frac{(비교시점 \ 품목지수 - 기준시점 \ 품목지수)}{기준시점 \ 총지수}$$

$$\times \frac{품목 \ 가중치}{전체 \ 가중치} \times 100$$

⑨ 지수의 공표

- 소비자물가 동향은 매 익월 초에 보도자료와 통계청 홈페이지(http://kostat.go.kr)를 통해 발표되며, 『소비자물가지수 월보』(매 익월 초)와 『소비자물가지수 연보』(매년 5월경)에 수록하여 발간

03
식료품과 에너지를 제외한 물가, 근원물가지수

통계청은 매월 소비자물가지수를 발표하면서 '식료품 및 에너지 제외 지수'를 발표한다. 이것은 외부 요인에 따라 급등락 가능성이 있는 품목을 제외하고 물가 변동을 측정함으로써 더 본질적인 측면에서 물가지수를 파악하기 위해서이다.

식품과 에너지는 공급이 비탄력적이라는 특징이 있다. 에너지, 특히 원유 가격은 자연적인 수요 공급 이외에 중동전쟁 등의 국제 정치적 환경에 따라 변동이 크다. 식품 가격도 비슷한 상황이다. 바이오 원료 사용 증가에 따라 국제 곡물 가격이 크게 뛰어오른 때도

▶ **표 7-3 월별 농산물 및 석유류 제외 지수 동향**

(2020=100, %)

	2021년 6월	7월	8월	9월	10월	11월	12월	2022년 1월	2월	3월	4월	5월	6월
지수	101.67	101.73	102.01	102.26	102.58	102.81	103.25	103.77	104.22	104.40	104.98	105.73	106.15
전월비	0.1	0.1	0.3	0.2	0.3	0.2	0.4	0.5	0.4	0.2	0.6	0.7	0.4
전년 동월비	1.5	1.8	1.9	2.0	2.8	2.4	2.7	3.0	3.2	3.3	3.6	4.1	4.4
전년 누계비	1.4	1.5	1.5	1.6	1.7	1.8	1.8	3.0	3.1	3.2	3.3	3.4	3.6

자료: 통계청

있었다. 그래서 기조적 물가상승률의 범위를 OECD 기준으로 삼아 식료품과 에너지 관련 품목을 제외한 401개 품목으로 작성하여 발표한다. 이를 '식료품 및 에너지 제외 지수'라고 하며 '근원물가지수 core price index'라고 부르기도 한다.

[표 7-3]은 2022년 7월에 통계청이 발표한 2022년 6월 기준 월별 농산물 및 석유류 제외 지수 동향이다. 이 표는 소비자물가지수와 마찬가지로 2020년을 기준으로 삼아 측정한 지수이며 소비자물가 지수를 살펴볼 때와 같은 방식으로 읽으면 된다.

04

물가지수와 경제학

물가지수의 활용

물가지수는 우리 경제생활에서 다음과 같이 다양하게 활용된다.

첫째, 물가지수는 화폐의 구매력을 측정한다. 물가가 오르면 구매할 수 있는 상품의 양은 물가가 오르기 전보다 줄어든다. 반대로 물가가 내리면 구매력이 증가한다. 물가가 오를 때 노동조합은 구매력을 유지하기 위해 회사 측에 임금 인상을 요구하는 경향이 있다.

둘째, 물가지수는 경기 판단 지표로 활용된다. 대체로 물가와 경기는 비례 관계를 보인다. 경기 확장 국면에서는 소득이 늘어나 가계가 소비지출을 늘리기 때문에 물가가 상승하는 반면, 경기 수축 국면에서는 물가가 하락한다.

셋째, 물가지수는 디플레이터deflator 기능을 한다. 즉 명목 가치를 실질 가치로 환산하는 데 사용된다.

넷째, 물가는 각 상품의 전반적인 수급 동향을 나타내기 때문에 상품 종류별로 수급 동향을 알 수 있게 해준다. 예를 들어 배추 가격이 급등했다면 배추의 수요가 크게 늘었거나 공급이 대폭 감소했다는 의미다.

지수물가의 상향편의

언론에서는 물가지수가 올랐다고 발표하지만 우리가 실제로 제품이나 서비스를 살 때의 부담은 늘지 않았을 때도 있다. 이것은 지수물가가 실제보다 더 높게 나타나는 현상 때문이다. 이를 개념적으로 '지수물가의 상향편의upward bias'라 규정한다.

이러한 지수물가의 상향편의가 나타나는 이유는 크게 2가지이다. 첫째, 물가지수는 기술 진보에 따른 상품의 질 개선quality adjustment bias을 반영한다. 예를 들어 메모리가 20% 향상된 PC의 가격이 20% 올랐다면 PC의 물가지수는 20% 상승한다. 그러나 개선된 PC와 적은 용량의 메모리를 가진 이전의 PC는 똑같은 제품이 아니다. 그런데도 소비자물가를 측정할 때는 20% 상승했다고 계산한다. 이처럼 소비자물가는 질적인 변화를 고려하지 않으며, 신제품을 포함시키기도 어렵다.

둘째, 소비자물가는 수요 상품의 대체substitution bias를 고려하지 못한다. 예를 들어 어떤 해에 사과 가격이 급등했다고 가정하자. 그러면 소비자는 사과를 덜 먹고 상대적으로 가격이 안정적인 다른 과일(예를 들어 배)을 더 소비할 수 있다. 그런데 소비자물가지수는 사과 가격 상승을 그대로 반영한다. 소비자는 사과를 덜 소비하고 상대적으로 가격이 싼 배를 더 많이 사기 때문에 총지출에는 변화가 없다. 즉 물가지수 상승을 체감하지 못한다.

필립스 곡선

필립스 곡선은 명목 임금상승률과 실업률 사이에는 역의 관계가 존재한다는 것을 보여준다. 1950년대 후반 미국에서 인플레이션의 원인을 둘러싸고 수요견인설demand-pull theory과 비용인상설cost-push theory로 활발한 논쟁이 전개되고 있을 때, 영국의 경제학자 윌리엄 필립스는 1861~1957년 동안의 영국 시계열時系列 자료를 토대로 임금상승률과 실업률 간의 일정한 함수관계를 발견했다. 경제학자 밀턴 프리드먼은 장기 필립스 곡선이 자연실업률natural rate of unemployment 수준일 때 수직이라고 했던 반면, 로버트 루카스는 단기적으로도 필립스 곡선이 수직이라고 주장했다.

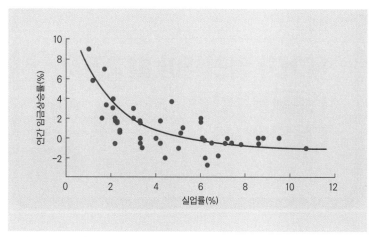

주: 영국, 1861~1957년

　필립스 곡선에 따르면 물가와 성장은 상충되기 때문에 둘 중 하나를 선택해야 한다. 즉 물가 안정을 위해서는 경제성장을 일부 희생시켜야 하며, 경제성장을 위해서는 인플레이션을 감내해야 한다는 결론이 나온다.

물가가 멀리해야 할 2가지, 인플레이션과 디플레이션

물가와 직접적으로 관련된 중요한 경제개념이 인플레이션과 디플레이션이다. 인플레이션inflation은 물가가 계속 상승하는 현상이며 디플레이션deflation은 이와 반대로 물가가 지속해서 떨어지는 현상이다. 인플레이션과 디플레이션 모두 경제에 부정적인 영향을 미친다.

인플레이션의 폐해를 꼽자면 첫째, 화폐의 구매력, 즉 실질 소득을 감소시켜 근로 의욕을 떨어뜨린다. 둘째, 자금이 금융자산에서 부동산과 같은 실물자산으로 이동하면서 금리가 상승하고 투자가 위축된다. 셋째, 경상수지가 악화된다. 물가가 상승하면 수출 가격이 상대적으로 상승하고 수입 가격은 상대적으로 하락하면서 수출이 줄고 수입이 늘기 때문이다. 넷째, 각종 비용이 증가한다. 몇 가지 실례를 보면 먼저 거래비용shoe leather costs이 증가한다. 인플레이션이 발생하면 가계가 은행에 예금을 적게 하면서 은행을 자주 드나들게 된다. 그리고 인플레이션이 발생하면 노사 간 임금 협상을 빈번히 하면서 비용이 늘어난다. 인플레이션 때는 기업이 가격을 자주 교체해야 하므로 관련비용menu cost이 들어간다.

디플레이션도 인플레이션만큼 경제에 부정적 영향을 준다. 디플레이션이 발생하면 가계는 필수재가 아닌 한 소비를 미룬다. 시간이 더 흐를수록 상품을 더 싸게 구매할 수도 있기 때문이다. 이에 따라 기업의 매출과 이익은 줄어들고 고용이 축소된다. 고용이 줄

▶ 그림 7-4 일본의 디플레이션

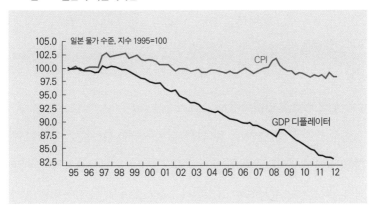

면 가계소득이 감소하고, 이는 결국 소비를 감소시켜 물가를 더욱 떨어뜨린다.

한 나라 경제가 이런 상황일 때 "디플레이션 함정에 빠졌다"고 한다. 일본 경제가 1990년 거품이 붕괴된 이후 20여 년 동안 이런 디플레이션을 겪었다. 한편 디스인플레이션disinflation은 물가가 안정적으로 상승하는 현상으로 가장 바람직한 상황이다.

인플레이션의 원인

① 수요 공급의 변화

수요가 늘어나 물가가 오르면서 인플레이션이 일어난다. 이른바 수요 견인형 인플레이션demand-pull inflation이다. 통화 증가, 정부 지출 증가(혹은 세율 인하), 가계소득 증가 등으로 총수요 곡선이 우측으로 이동한 경우이다. 이와 반대로 생산 기술의 향상(에너지 가격의 하락)으로 공급이 늘어날 때는 총공급 곡선이 우측으로 이동한다. 이때 생산은 증가하고 물가는 하락한다.

② 비용 상승형 인플레이션cost-push inflation

원자재 가격 상승, 임금 및 환율 상승, 유통비용 상승, 부동산 임차료 상승 등으로 공급 곡선이 좌측으로 이동하는 경우이다. 이때 물가는 오르고 생산량은 감소한다. 오일 쇼크로 물가가 오르고 경

▶ 그림 7-5 수요 견인형 인플레이션

▶ 그림 7-6 비용 상승형 인플레이션

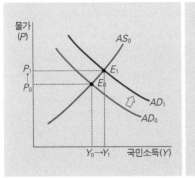

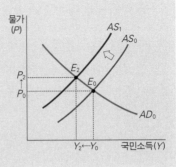

제성장률이 마이너스인 경우를 예로 들 수 있다.

③ 유통 구조와 경쟁 구조

독과점 품목 가격이 상승하거나 유통 구조 내에서 담합으로 가격을 상승시키는 경우이다. 이때 정부가 가격 담합을 규제하면서 물가를 안정시킬 수 있다. 시장 내에서는 가격 파괴형 대형 할인점 등이 물가를 하락시킨다.

'물가'지표로 보는 부의 흐름

☑ 여러 상품의 가격을 일정한 거래 기준에 따라 가중평균하여 종합적인
가격 수준을 구한 것을 물가라 한다. 물가의 움직임을 한눈에 알아볼 수
있도록 기준년을 100으로 하여 지수화한 것을 물가지수(Price Index)
라 한다.

☑ 소비자물가지수는 물가에 가장 민감한 가계가 소비생활에서 실제로 구
매하는 상품과 서비스 가격을 조사하여 지수화한 것이다.

☑ 비탄력적 성향이 강한 식료품과 에너지 관련 품목을 제외한 317개 품목
으로 작성한 물가지수를 '식료품 및 에너지 제외 지수'라고 하며 '근원물
가지수(core price index)'라고도 부른다.

☑ 물가지수는 화폐의 구매력을 측정한다. 물가가 오르면 구매할 수 있는
상품의 양은 물가가 오르기 전보다 줄어든다. 반대로 물가가 내리면 구
매력이 증가한다.

☑ 인플레이션은 물가가 계속 상승하는 현상이며 디플레이션은 물가가 지
속해서 떨어지는 현상이다. 인플레이션과 디플레이션 모두 경제에 부정
적인 영향을 미친다.

8장

국가경제의 혈액:
통화

한눈에 보는 통화지표 읽는 법

▶ 한국은행 웹사이트의 '커뮤니케이션' 하위 메뉴 '보도자료'에서 '통화 및 유동성'을
검색하면 지표 자료를 얻을 수 있다.

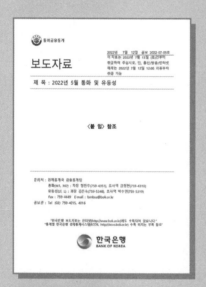

매월 발표하는 '통화 및 유동성' 지표는 해설을 실은 본편과 통계자료를 실은 통계편으로 나뉜다.

통화 및 유동성 지표 추이를 제시하며 자료를 쉽게 이해할 수 있도록 주요 통화와 유동성에 대한 개념 설명을 덧붙인다.

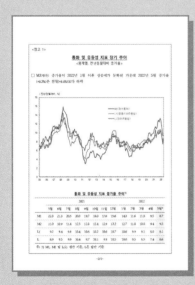

통화 및 유동성 지표의 장기 추이를 표와 그래프로 나타내고 통화 관련 통계 조회를 안내한다.

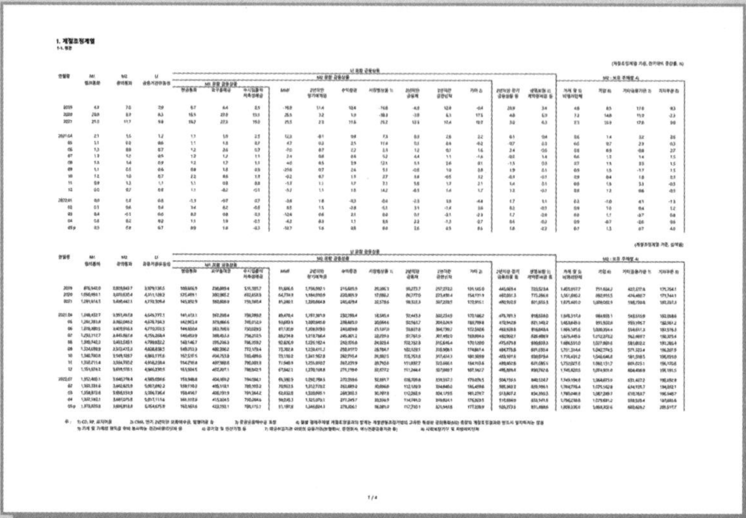

1. 계절조정계열

1-1. 평잔

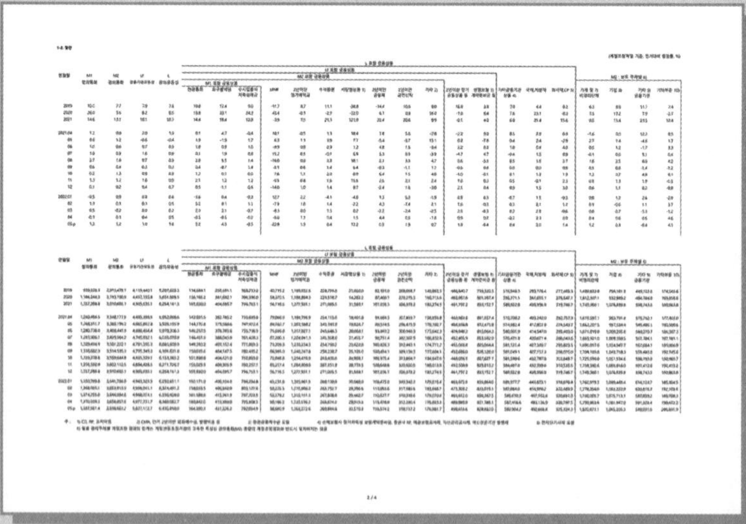

1-2. 말잔

연도별, 최근 월별, 단계별 통화와 유동성 추이를 상세한 통계표로 나타낸다.

01

통화와 경제 이야기

통화의 정의

'돈'은 자본주의의 꽃으로 꼽힌다. 우리는 일상생활에 필요한 거의 모든 것을 돈을 주고 살 수 있다. 공식적으로 표현하면 돈이 대부분의 거래를 매개한다. 따라서 우리는 돈이 꼭 필요하다. 음식을 먹고 옷을 사고 편안한 잠자리를 유지하는 데에도, 교통수단을 이용해 출퇴근하는 데에도, 그리고 휴대전화를 이용해 상대방과 대화하는 데에도 돈이 들어간다.

이 돈은 여러 가지 의미로 사용된다. "기업이 돈을 벌었다"는 말은 그 기업이 사업을 잘해서 이익을 냈다는 뜻이다. 어떤 개인이 "돈이 많다"는 것은 그 사람이 현금이나 은행 예금뿐만 아니라 주식이나 부동산 등 자산을 많이 가지고 있다는 의미다. 그리고 돈은 보통 사람들이 상품이나 서비스를 구매하고 그 대가를 내는 것으로 정의된다.

국민경제에서는 이런 돈을 '화폐'라고 부른다. 현재 사용 가능한 현금, 예금 지불 수단을 뜻하는 통화도 돈과 화폐의 또 다른 이름이다. 금융시장에서는 통화라는 단어를 많이 사용하고 있다.

돈은 사람 몸의 혈액으로 비유된다. 인체 구석구석 피가 잘 돌아야 건강한 것처럼 국민경제 내에서 돈이 잘 돌아야 그 나라 경제가 좋다.

통화의 기능

돈은 크게 3가지 기능을 한다. 첫째, 교환 매개의 기능이다. 모든 재화나 서비스를 사고팔 때 우리는 돈을 주고받는다. 돈은 물물교환의 불편을 덜어주고 거래비용을 줄여준다.

둘째, 돈에는 가치 척도의 기능도 있다. 각 상품의 경제적 가치는 돈, 즉 화폐의 단위로 표시된다. 예를 들면 휴대폰 가격을 50만 원, 노트북 컴퓨터 가격을 100만 원으로 표시한다. 이 경우 휴대폰 한 개의 가격을 노트북 컴퓨터 2분의 1이라 말할 수 있으나, 모든 물건값을 이런 식으로 표현하면 불편하고 큰 비용이 들어간다. 따라서 돈은 상품의 가치를 나타내고 계산과 회계의 단위로 사용된다.

셋째, 돈은 가치 저장의 기능을 갖는다. 가치 저장 기능이란 시간이 지나더라도 물건을 살 수 있는 능력, 즉 구매력을 보관해주는 역할을 말한다. 물론 주식, 채권 등의 금융자산, 건물, 금, 쌀 등의 실물자산도 가치 저장 기능을 한다. 그러나 물가가 안정되면 돈의 보관비용이 상대적으로 저렴하다. 예를 들어 어떤 농부가 쌀을 생산하여 보관하려면 창고를 지어야 하는데, 그러기 위해서는 상당한 비용이 들어간다. 이때 쌀을 팔아서 상대적으로 보관비용이 낮은 돈으로 보유하고 있다가, 쌀이 필요할 때 돈을 주고 다시 사는 것이 효율적이다.

02

돈이 얼마나 풀려 있는가: 통화지표

세상에는 얼마나 많은 돈이 유통되고 있을까? 지폐나 동전을 다 모으면 엄청난 양일 것이다. 여기에 덧붙여 은행 간 거래에서 숫자로 표현되는 돈의 유통도 막대하다. 더욱이 최근에는 전 세계에 천문학적인 돈이 풀렸다. 2008년 시작한 세계 금융위기와 2020년 이후 코로나 팬데믹을 극복하는 과정에서 미국과 일본 등 선진국 중앙은행이 대규모로 돈을 찍어내어 공급했기 때문이다. 그래서 돈이 흘러넘친다는 표현까지 나오고 있다.

돈이 얼마나 풀렸는지를 보기 위한 것이 '통화지표'로, 통화량의 크기와 변동을 나타내준다. 통화지표는 유동성(현금화할 수 있는 능력) 정도에 따라 구분한다. 우선 본원통화는 중앙은행이 찍어낸 화폐 발행액과 금융회사가 중앙은행에 예치한 금액의 합으로 정의된다. 주요 통화지표로는 본원통화와 M1, M2, Lf, L 등이 있다.

주요 통화지표

① 본원통화

본원통화는 원래 의미의 돈(화폐)을 말한다. 한국은행이 발행해서 유통되는 지폐와 동전이다. 그런데 한국은행이 발행한 화폐 전부가 시중에 유통되는 것은 아니다. 그 일부는 회수되어 한국은행 등에 보관된다. 유통되는 지폐를 현금통화라 하고 은행에 보관 중인 돈을 지준예치금이라 부른다. 현금통화와 지준예치금을 합한 것이 본원통화이다.

② M1

'Money One'의 약자이다. 단어 뜻 그대로 돈의 넘버 원, 진정한 의미의 돈이다. 그래서 '협의통화'라 부른다. 현금통화를 비롯해서 언제든지 현금화할 수 있는 예금이 여기에 속한다. 따라서 M1은 통화와 요구불예금, 수시입출금식 저축성예금을 합한 것이다.

► 표 8-1 통화지표의 구성요소와 규모

통화지표	구성요소	규모 (2022.5 평잔, 조 원)
본원통화	화폐발행액+금융기관의 한은에 대한 원화 예치금(예금은행 지급준비금+비은행 금융기관 예치금) *1986년 3월 이후 기념화폐발행액 제외	263.9 화폐발행액: 175.4
M1(협의통화)	현금통화+요구불예금+수시입출금식 저축성예금	1,374.7
M2(광의통화)	M1+정기 예적금 및 부금+시장형 금융상품(양도성예금증서, 환매조건부채권매도, 표지어음)+실적배당형 상품(금전 신탁, 수익증권)+금융채+기타(투신증권저축, 종합금융회사 발행어음)−동 금융상품 중(만기 2년 이상) 상품−동 금융상품의 예금 취급기관 간 상호 거래분	3,694.0
Lf(금융기관유동성)	M2+M2 포함 금융상품 중 장기(만기 2년 이상) 상품+한국증권금융의 예수금 및 자발어음+생명보험회사의 보험계약준비금 및 환매조건부채권+우체국보험의 보험계약준비금 및 환매조권부채권+농협 국민생명공제의 예수금−동 금융상품의 M3 편제 대상기관 간 상호 거래분	5,047.7
L(광의유동성)	Lf+정부 및 기업 등이 발행한 유동성 시장 금융상품(증권회사, 여신전문기관의 채권, 예금보험공사채, 자산관리공사채, 자산유동화전문회사 자산유동화증권, 국채, 지방채, 기업어음, 회사채 등)	6,424.4(말잔)

③ M2

M1에 비교적 쉽고 빠르게 현금화할 수 있는 금융상품 예치금액을 합친 것이다. 예를 들어 은행 적금통장에 들어 있는 돈은 보통예

금처럼 바로 찾을 수는 없지만, 급하면 절차를 거쳐 현금화할 수 있다. M2는 이런 종류의 금융상품에 든 돈까지 포함하여 '광의통화'로 불린다. M2까지를 통틀어 '총통화'라고 부른다.

④ Lf

'Liquidity fund'의 약자이다. 광의통화인 M2에 통화화할 수 있는 주식, 채권 등을 합친 것이다. 엄밀히 말해 돈이라 하기 어렵기에 유동성을 뜻하는 'Liquidity'를 쓴다.

⑤ L

Lf에 속하지는 않지만 현금화 가능성이 있는 채권 등을 합쳐서 L을 쓴다. 광의의 유동성을 말한다.

이를 표로 정리하면 앞서 제시된 [표 8-1]과 같다. 한편 한국은행은 통화 및 유동성 지표로 구성하는 금융상품의 내역을 밝히고 있는데, 그 내용은 [표 8-2]로 정리했다.

▶ 표 8-2 통화 및 유동성 지표로 구성하는 금융상품 내역

	통화지표		유동성지표	
	M1(협의통화)	M2(광의통화)	Lf(금융기관유동성)	L(광의유동성)
현금통화	•	•	•	•
요구불예금	•	•	•	•
수시입출식 저축성예금	•	•	•	•
MMF		•	•	•
2년 미만 정기예적금		•	•	•
수익증권		•	•	•
시장형상품[1]		•	•	•
2년 미만 금융채		•	•	•
2년 미만 금전신탁		•	•	•
기타 통화성 금융상품[2]		•	•	•
2년 이상 장기금융상품			•	•
생명보험계약 준비금 등[3]			•	•
기타 금융기관 상품[4]			•	•
국채, 지방채				•
회사채, CP[5]				•

주 : 1) CD, RP, 표지어음
    2) CMA, 2년 미만 외화예수금, 종합금융회사 발행어음, 신탁형 증권저축
    3) 증권금융 예수금 포함
    4) 손해보험회사 장기저축성보험계약준비금, 증권사 RP, 예금보험공사채, 여신전문기관 발행채 등
    5) 전자단기사채 포함

▶ **표 8-3 통화 및 유동성 지표 추이(계절조정계열 기준)**

(평잔, 조 원)

	2020	2021	2022			
	연간	연간	2월	3월	4월	5월p
M1(협의통화)	1,059.0	1,281.6	1,353.3	1,358.9	1,367.2	1,373.9
	(20.8)	(21.0)	(0.1)	(0.4)	(0.6)	(0.5)
M2(광의통화)	3,070.8	3,430.4	3,662.6	3,658.5	3,667.1	3,696.9
	(9.3)	(11.7)	(0.6)	(−0.1)	(0.2)	(0.8)
Lf(금융기관유동성)	4,311.1	4,733.3	5,007.1	5,006.7	5,017.1	5,054.7
	(8.3)	(9.8)	(0.4)	(0.0)	(0.2)	(0.7)
L(광의유동성)	5,651.8	6,254.2	6,324.5	6,336.9	6,369.1	6,435.0
	(8.5)	(10.7)	(0.5)	(0.2)	(0.5)	(1.0)

통화지표 발표

한국은행은 월 단위의 '통화 및 유동성'을 보도자료로 배포하는데 대개 2개월 전의 지표를 발표한다. 한국은행 웹사이트의 보도자료 메뉴에서 문서를 다운로드할 수 있고, 통계청 웹사이트에서도 '주요 통화지표'라는 항목으로 통계를 제공한다.

한국은행이 발표한 「2022년 5월 통화 및 유동성」을 보면 우리나라의 2022년 5월 현재 M1(협의통화)은 1,373.9조 원, M2(광의통화)는 3,696.9조 원, Lf(금융기관유동성)는 5,054.7조 원, L(광의유동성)은 6,435조 원이다.

▶ **그림 8-1 통화 및 유동성 지표 증가율 추이***

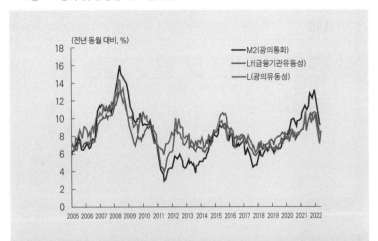

	2021								2022				
	5월	6월	7월	8월	9월	10월	11월	12월	1월	2월	3월	4월	5월P
M1	22.3	21.3	20.5	20.0	19.7	18.0	17.6	15.6	14.3	11.6	11.3	9.5	8.7
M2	11.0	10.9	11.4	12.5	12.8	12.4	12.9	13.2	12.7	11.8	10.8	9.4	9.3
Lf	9.2	9.4	9.9	10.4	10.6	10.2	10.6	10.7	10.6	9.9	9.1	8.0	8.1
L	8.9	9.5	9.9	10.4	9.7	10.1	9.9	10.5	10.0	9.5	8.5	7.4	8.6

주: * M1, M2 및 Lf는 평잔 기준, L은 말잔 기준

돈이 얼마나 잘 돌고 있는가: 통화승수

앞에서 중요한 통화지표를 통해 시중에 돈이 얼마나 풀렸는지를 파악했다. 그런데 돈이 아무리 많이 풀려도 활발하게 돌지 않으면 경제효과가 미미하다. 이때 돈이 얼마나 잘 도는지를 나타내는 지표가 '통화승수'이다. 즉 통화승수는 통화량이 확대되거나 감소되는 과정의 비율을 나타내는 비율이다. 총통화량을 본원통화로 나눈 값으로 표시되며 선진국일수록 통화승수가 높다.

2022년 5월을 기준으로 통화승수를 알아보자. 2022년 5월 평잔 기준으로 화폐발행잔액을 포함한 본원통화는 263.9조 원이다.

M1은 1,373.9조 원, M2는 3,696.9조 원이다. M2까지를 총통화로 보기에 M2에 대한 투자승수를 구해보자. 'M2(3,696.9)/본원통화(263.9)'로 구하면 2022년 5월 기준 통화승수는 14배 정도 된다.

통화량 확대 과정

통화량이 늘어나는 과정을 살펴보자. 먼저 본원통화는 다음과 같은 경우에 공급된다. 첫째, 중앙은행이 금융시장에서 국공채를 매입하면 그만큼 본원통화가 늘어난다. 둘째, 중앙은행이 은행에 대출을 늘리면서 본원통화를 공급한다. 셋째, 외환시장에서 외환을 매입하면서 통화량을 증가시킨다. 마지막으로, 정부가 중앙은행에 보유하고 있던 정부예금을 인출할 때도 본원통화가 공급된다.

이렇게 공급된 본원통화 가운데 일부는 현금으로 보유하고 나머지는 은행에 맡긴다. 은행은 예금자가 찾아갈 것에 대비하여 일정 비율을 지급준비금으로 남기고, 나머지 돈은 대출을 통해 시중에 공급한다. 이런 과정이 반복되면 중앙은행이 본원통화로 공급했던 돈보다 통화 공급이 몇 배로 늘어난다.

이 과정을 구체적인 사례를 통해 살펴보자. 한국은행이 A은행을 통해 건설업자 갑의 계좌로 정부 공사대금을 100만 원 입금한 경우이다. 건설업자 갑이 이 돈을 A은행에 전부 맡겼다고 한다면(현실 세계에서 갑은 일부를 현금으로 보유한다), A은행은 90만 원(지불준비율을

10%로 가정)을 또 다른 사업자 을에게 대출해줄 수 있다. 이때 통화량은 현금(90만 원)과 예금(100만 원)의 합이므로 190만 원이 된다. 그리고 을이 대출받은 90만 원을 전액 B은행에 맡겼다고 가정하자. 이 경우 B은행은 지불준비금 9만 원을 제외한 나머지 81만 원을 병에게 대출해줄 수 있다. 병이 이 돈을 다시 C은행에 맡긴다면, 이 은행은 지불준비금(8.1만 원)을 제외한 72.9만 원을 대출해줄 수 있다.

이처럼 은행이 예금의 일부를 지급준비금으로 보유하고 그 나머지를 대출하면서 예금통화를 창출하게 되는데, 이를 은행의 신용창출이라 한다. 이 사례에서 본 것처럼 한국은행이 100만 원의 본원통화를 공급했을 때 지급준비율을 10%라 하면 예금통화는 1,000만 원[= 본원적 예금(100만 원) / 지급준비율(10%)]까지 늘어난다.

▶ **표 8-4 은행의 신용창출 과정**

(단위: 만 원)

	한국은행	A은행	B은행	C은행	…	합계
본원통화	100	100				
예금통화		100	90	81.0	…	1,000
지급준비금		10	9	8.1	…	100
대출		90	81	72.9	…	900

자료: 『한국은행의 알기 쉬운 경제 이야기』, p.191.

앞에서 살펴본 신용창출 과정에서 우리는 갑, 을, 병이 현금을 하나도 보유하지 않았다고 가정했다. 그러나 현실 세계에서 이들은 일정 부문을 현금으로 보유하고 있다. 그러면 은행의 신용창출 능력이 줄어들고 통화량도 그렇지 않을 때보다 감소하게 된다. 갑이 공사대금으로 받은 돈 100만 원 중 10만 원을 현금으로 보유하고 나머지 90만 원을 A은행에 예금했다면, 이 은행은 81만 원(지급준비율을 이전과 같이 10%로 가정)만 대출할 수 있게 된다. 그렇게 되면 최종 통화량은 900만 원으로 100만 원이 준다.

한편 지준율에 따라 신용창출 금액이 달라진다. 한국은행이 지준율을 10%가 아니라 5%로 내린다면 각 단계에서 은행의 대출 여력은 커진다. 앞의 예에서 다른 조건은 같고 지준율만 5%로 인하되었다면, A은행은 5만 원을 지급준비예치금으로 남기고 95만 원을 대출해줄 수 있다. 나머지 조건이 앞의 사례와 같을 때 최종 예금통화는 2,000만 원이 된다.

그 밖에 은행의 초과지급율도 신용창출에 영향을 미친다. 초과지급율이란 한국은행이 시중은행에 요구한 지급준비율(필요지급준비율) 이상으로 은행이 가지고 있는 예금이다. 초과지급준비율이 높다면 은행이 대출을 덜 해준 것이기 때문에 신용창출 금액은 줄어든다.

따라서 통화승수는 다음 식으로 결정된다.

통화승수 = (1 + 현금보유비율) / (필요지급준비율 + 초과지급준비율 + 현금보유비율)

그래서 필요지급준비율, 초과지급준비율, 현금보유비율이 상승하면 통화승수가 작아진다. 필요지급준비율은 중앙은행이 결정한다. 2018년 1월 기준 지급준비율은 장기주택마련저축, 재형저축 0%, 정기예적금, 상호부금, 주택부금, CD 2%, 기타 예금 7%이다. 필요지급준비율이 높으면 통화승수가 작아진다. 반대의 경우 최근 통화승수가 높아지는데, 2014년 이후 중국의 중앙은행이 통화량을 늘리기 위해 계속 필요지급준비율을 낮추고 있다.

초과지급준비율은 은행이 결정한다. 시장 이자율이 상승하면 기회비용 증가로 초과지급준비율이 하락한다. 한편 금융시장이 매우 불안하면 예금자가 현금을 보유하려 하기 때문에 은행은 예금 인출이 증가할 것을 예상하여 초과지급준비율을 올린다.

현금보유비율은 민간이 결정한다. 요구불예금 이자율이 낮을수록 현금보유비율은 증가한다. 그리고 은행의 파산 가능성이 높을수록 현금 보유가 늘어난다.

이처럼 필요 및 초과지불준비금, 현금보유비율이 통화 공급을 결정한다. 그러나 시장금리 역시 통화 공급에 영향을 준다. 시장금리가 상승하면 기회비용 때문에 은행의 초과지급준비율이 감소하고

▶ 그림 8-2 주요국의 통화승수(M2/본원통화) 추이

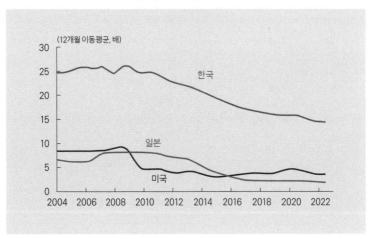

자료: 각국 중앙은행

민간의 현금보유비율이 줄어들어 통화 공급이 증가하게 된다. 이를 통화공급의 내생성이라 한다.

2008년 글로벌 금융위기 이후 전 세계적으로 통화승수가 감소하고 있다. 미국의 통화승수는 2008년 8.3배에서 2021년 3.4배까지 추락했다. 같은 기간에 일본의 통화승수는 8.1배에서 1.8배로, 한국은 26.2배에서 14.2배로 떨어졌다. 그 이유는 금융시장 불안에 따라 가계의 현금보유비율이 높아지고, 기업의 투자 감소로 대출이 위축되어 은행의 초과지급준비율이 높아진 점에서 기인한 것으로 보인다.

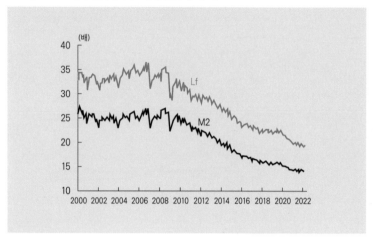

자료: 한국은행

통화 공급 증가와 감소 과정

앞에서 살펴본 것처럼 한국은행은 본원통화를 공급하고, 은행은 이를 바탕으로 예금통화를 창출한다. 돈의 공급은 정부, 민간, 국외, 기타 부문을 통해 이루어진다.

정부가 세금을 거둬들이면 돈은 정부의 은행인 한국은행으로 들어와 통화량이 줄어든다. 반대로 정부가 공무원 월급을 주는 등 재정지출을 늘리면 통화량이 늘어난다.

민간은 가계와 기업을 말한다. 가계와 기업이 은행에서 대출을 받으면 통화량이 늘고, 반대로 대출받은 돈을 갚으면 통화량이 줄어든다.

국외 부문에서는 국제(경상)수지가 통화 공급을 결정한다. 경상수지가 흑자일 때 국외에서 들어온 달러를 원화로 바꾸기 때문에 통화량이 늘어난다. 반대로 적자가 나면 통화량이 줄어든다.

기타 부문에서도 돈이 공급되고 환수된다. 예를 들어 은행이 건물을 사면 돈이 풀려 통화량이 늘어난다. 반대로 건물을 팔거나 유상증자를 할 때는 돈이 은행으로 들어와 통화량이 감소한다.

04

수요의 관점에서 바라본 통화

지금까지 주로 공급 측면에서 통화를 살펴보았다. 이번에는 수요 측면에서 통화를 다룬 주요 이론을 요약해서 설명하겠다. 더 자세한 내용은 거시경제학 문헌을 통해 깊이 탐구하기를 바란다.

피셔의 화폐수량설Quantity theory of money

화폐수량설은 화폐 공급이 가격 수준과 비례 관계라고 보는 입장이다. 즉 물가 수준이 화폐량에 의해 결정된다는 것이다. 이에 따르면 거래가 늘어날수록 통화 수요가 증가한다.

MV = PT (M: 통화량, V: 거래 유통속도, P: 물가, T: 거래량)

이 이론에 따라 적정 통화증가율을 도출할 수 있다. 현재 중국처럼 통화량 중심으로 통화정책을 전개하는 나라에서는 중요한 기준이 된다.

적정 통화증가율 = 실질 경제성장률 + 물가(GDP 디플레이터) 상승률 − 유통속도 변화율

중국은 2015년 총통화(M2) 증가율 목표를 12%로 설정했다. 이는 실질 경제성장률 7%, 물가상승률 3%, 유통속도 변화율 2%를 전제로 삼은 것이다.

마셜의 현금잔액설 cash balance theory of money

현금잔액설은 화폐의 기능 중에서 가치 저장 수단 기능을 강조한 관점이다. 사람들이 현금을 보유하는 이유는 화폐를 받을 때와 쓸 때가 서로 다르기 때문이다. 그래서 사람들이 자신의 명목소득의 일정 비율(k)을 화폐로 보유한다고 본다. 즉 공급되는 화폐량의 크기는 보유하고자 하는 화폐의 총액과 같다.

M = kY(k: 마셜의 k, 소득 중 보유하려는 화폐의 비율)

케인스의 유동성 선호설 Liquidity Preference Theory

유동성 선호설은 금융시장을 화폐시장과 채권시장의 2가지로 단순화하여 본다. 화폐 보유의 기회비용은 이자율이다. 즉 유동성을 포기함으로써 이자를 받게 된다는 것이다. 화폐시장에서 화폐의 수요과 공급에 따라 균형이자율이 결정된다. 사람들이 유동성을 선호하는 이유는 거래적, 예비적, 투기적 동기에 있다. 통화 수요는 소득이 증가할 때, 그리고 이자율이 하락할 때 증가한다.

프리드먼의 신화폐수량설

개별 경제주체의 화폐 수요는 자신의 부와 여러 금융자산의 상대적 수익률에 따라 결정된다고 본다. 화폐를 자산으로 인식하여 이자율이 상승할 때 화폐 보유에 대한 기회비용이 증가해 화폐 수요가 감소한다고 가정한다. 통화 수요는 통화의 가격(이자율), 소비자의 부, 대체 자산(채권, 주식) 가격의 함수이다. 이는 고전학파의 화폐수량설로 회귀한 관점이라 할 수 있다.

● 리디노미네이션을 검토할 때다 ●

☑ 리디노미네이션의 배경과 역사

> ① 경제규모가 커졌다.
>   2021년 6월 말 총금융자산 2경 2,132조 원
>   (1경=10,000,000,000,000,000)
> ② 한국의 대외 위상 제고
>   세계 수출 7위 국가(2020년 기준), 1달러당 1,100원?
> ③ 내수 부양 효과
>   현금지급기, 금융 거래 관련 소프트웨어 등 대체
> ④ 지하경제 양상화 및 세수 증대
>   5만 원권 회수율 낮아

〈오징어 게임〉으로 포털 사이트인 구글에서 원화 환율에 대한 검색 건수가 폭증했다 한다. 세계인들은 〈오징어 게임〉을 보면서 너무 재미있어서 한 번 놀랐고, 한국 원화 단위가 미국 달러의 1,200분의 1밖에 되지 않아 또 한 번 더 놀랐다고 한다. 특히 미국인에게 '100만' 달러이면 새집을 두 채나 살 돈인데(2021년 10월 신규주택 평균 가격이 48만 달러였다), 한국의 100만 원이 1,000달러보다 적은 금액이라는 사실을 알게 되면서 놀랄 수밖에 없었다는 것이다.

리디노미네이션(화폐 액면단위 변경)을 검토할 시기인데, 그 이유는 다음과 같다. 첫째, 한국의 액면 표시 단위가 너무 커졌다. 2021년 6월 말 우리나라 전체 금융자산이 2경 2,132조 원이었다. '경'이란 숫자에는 '0'이 16개나 들어 있다. 2020년 국내총생산(GDP)이 1,933조 1,524억 원으로 이전에 리디노미네이션을 단행했던 1962년 GDP(3,659억 원)보다 5,284배나 증가했다.

둘째, 리디노미네이션을 하면 비용도 발생하지만 새로운 수요를 창출하

여 내수를 부양할 수 있다. 예들 들면 금융회사의 현금지급기나 소프트웨어 대체 비용이 들어가지만, 그 과정에서 2배 정도 부가가치 창출 효과가 기대된다는 분석도 있다.

셋째, 지하경제 양성화로 세수 증대도 기대해볼 수 있다. 지하경제는 추정 방법에 따라 다르지만 GDP의 10~25% 정도이다. 200조~500조 원에 이를 것이라는 이야기다.

넷째, 화폐 교환 과정에서 역시 세수가 늘 수 있다. 화폐발행액의 대부분을 차지하고 있는 5만 원권 환수율이 매우 낮다. 지난해 24.2%였던 환수율이 2021년 3분기에는 16.1%로 떨어졌다. 새로운 화폐로 교환하는 과정에서 소득 신고와 세수가 증가할 것이다.

다섯째, 한국의 대외 위상 제고이다. 〈오징어 게임〉으로 세계에 알려진 것처럼 원화 환율 단위가 지나치게 높다. 미국 1달러당 환율 단위가 1,000이 넘은 통화는 거의 없다. 예를 들면 달러당 중국 위안이 6.4이고, 대만 달러는 28, 인도 루피는 75, 일본 엔은 114 정도이다. 한국은 세계 7대 수출 강국이다. 세 자릿수 환율은 너무 높다.

우리나라는 1950년 이후 2차례 리디노미네이션을 단행했다. 첫 번째는 1953년 2월 15일 '대통령긴급명령 제13호'에 근거했다. 6·25 전쟁으로 생산활동이 크게 위축된 반면, 거액의 군사비 지출로 인플레이션 압력이 높아진 시기였다. 화폐단위를 '원'에서 '환'으로 변경하고 화폐 액면금액을 100 대 1로 바꿨다. 2차 리디노미네이션은 1962년 6월 10일 '긴급통화조치법'으로 단행되었다. 화폐의 액면을 10분의 1로 조정하고 새로운 '원'으로 표시했다. 퇴장자금을 양성화하여 경제개발계획에 필요한 투자자금으로 활용하겠다는 것이 당시 화폐단위 변경의 주목적이었다.

코로나19 이후 내수가 크게 위축되었다. 경기 부양을 위해 정부가 지출을 늘린 결과, 정부 부채가 큰 폭으로 늘고 있다. 이러한 시기에 리디노미네이션은 내수를 부양하고 지하경제 양성화 등을 통해 세수를 늘릴 수 있다. 〈오징어 게임〉이 우리에게 던진 또 하나의 화두이다.

'통화'지표로 보는 부의 흐름

☑ 통화지표는 돈이 얼마나 풀렸는지를 파악하기 위한 것으로 통화량의 크기와 변동을 나타낸다. 통화지표는 유동성 정도에 따라 구분하며, 본원통화와 M1(협의통화), M2(광의통화), Lf(금융기관유동성), L(광의유동성) 등으로 나눈다.

☑ 우리나라의 통화 및 유동성은 2022년 5월 현재 M1은 1,373.9조 원, M2는 3,696.9조 원, Lf는 5,054.7조 원, L은 6,435조 원이다.

☑ 통화승수는 통화량이 확대되거나 감소되는 과정의 비율을 나타내는 비율로 총통화량을 본원통화로 나눈 값으로 표시된다. 선진국일수록 통화승수가 높다.

☑ 은행의 초과지급율은 통화량에 영향을 미친다. 초과지급율이란 한국은행이 시중은행에 요구한 지급준비율(필요지급준비율) 이상으로 은행이 가지고 있는 예금이다. 초과지급준비율이 높다면 은행이 대출을 덜 해준 것이기 때문에 신용창출 금액은 줄어든다.

$
\$
$

9장

현재의 소비를
미래로 넘기는 대가:
금리

🔍 한눈에 보는 금리지표 읽는 법

▶ 한국은행 웹사이트의 '통화정책' 메뉴의 '통화정책방향' 중 '한국은행 기준금리 추이'를 선택하면 현재 한국은행 기준금리와 변화 추이를 한눈에 볼 수 있다.

경제연구원 | 🏛 화폐박물관 | 🏦 지역본부 | 🍃 **한국은행** BANK OF KOREA

검색어를 입력해 주세요. ▾ | 🔍
🔒 은행가계자금대출금리

한국은행 | 통화정책 | 금융안정 | 외환·국제금융 | 화폐 | 조사·연구 | 경제통계 | 경제교육 | **커뮤니케이션** | ☰

커뮤니케이션

총재 기자간담회

🏠 › 커뮤니케이션 › 미디어센터 › 총재 기자간담회   🔗 🖨 📶

보도자료	⌄
공지사항	⌄
주요연설문	⌄
블로그	⌄
주요행사	⌄
미디어센터	⌃

- 총재 기자간담회
- 보도자료 설명회
- 컨퍼런스/세미나
- 홍보·기획등영상
- 공모 수상작

| 뉴스레터 | ⌄ |
| 한은소식 | ⌄ |

통화정책방향 관련 총재 기자간담회(2022.1)

👤 뉴미디어팀 (02-759-5374)   ⏱ 2022.01.14 👁 28145

▶

◆ 개요

개최일시 : 2022.1.14
개최장소 : 본관 17층 대회의실
세책년도 : 2022
발표주제 : 총재모두발언 / 질의응답
재생시간 : 00:56:52

📎 플레이 버튼을 클릭하시면 바로 동영상 열람이 가능합니다.
※ 전체화면으로 보기 힘하실때는 동영상 우측 하단의 확대버튼을 클릭
하여주세요.

부공보관 - 지금부터 2022년 1월 통화정책방향에 대한 이주열 한국은행 총재님의 기자간담회를 시작하겠습니다. 이번 간담회도 코로나19 예방 차원에서 온라인 생중계 형식으로 진행하게 되었습니다. 그럼 금일 통화정책방향 결정 배경에 대한 이주열 총재 님의 설명을 듣겠습니다.
총 재 - 앞고 계신 대로 오늘 금융통화위원회는 한국은행 기준금리를 1.0%에서 1.25%로 인상해서 통화정책을 운영하기로 했습니 다. 배경을 간단히 설명 드리겠습니다. 먼저 지난해 11월 금융통화위원회 회의 이후 대외 여건의 변화를 보면, 세계경제는 신 규 변이 바이러스의 확산에도 회복 흐름을 지속하였습니다. 주요국별로 보면 미국은 고용과 소비의 개선 흐름이 이어지는 등 양 호한 성장세를 이어가고 있는 반면에, 유로 지역은 방역 조치 강화의 영향으로 회복 흐름이 다소 약화되었습니다. 신흥시장의 경 우 중국은 성장세가 둔화되고 있으나 여타 국가들은 견조한 수출에 힘입어 점차 회복되는 모습을 나타내었습니다.
국제금융시장에서는 주요국 국채금리가 오미크론 변이 확산의 영향으로 상당폭 하락하였다가 이후 이에 대한 우려가 완화되고 또 미 연준의 **통화정책** 조기 정상화가 가시화되면서 큰 폭으로 상승하였습니다. 주요국 주가도 하락 후에 다시 반등하는 모습을
국제금융시장에서는 주요국 국채금리가 오미크론 변이 확산의 영향으로 상당폭 하락하였다가 이후 이에 대한 우려가 완화되고 또 미 연준의 통화정책 조기 정상화가 가시화되면서 큰 폭으로 상승하였습니다. 주요국 주가도 하락 후에 다시 반등하는 모습을

목록

| 이전글 | 울가안정목표 운영상황 점검 총재 기자간담회(2021.12) |
| 다음글 | 통화정책방향 관련 총재 기자간담회(2022.2) |

| 콘텐츠 만족도 | ○ ★★★★★ ○ ★★★★ ○ ★★★ ○ ★★ ○ ★ | 평가하기 |

🎧 담당부서 및 연락처 : **커뮤니케이션국 뉴미디어팀** | 02-759-5379

한국은행 웹사이트의 '통화정책' 메뉴의 '통화정책방향' 중 '통화정책방향 결정회의'를 선택하면 한국은행 기준금리의 결정 방향을 읽을 수 있다.

국내 금융기관의 금리를 알고 싶을 때 한국은행 웹사이트 '커뮤니케이션'의 '보도자료'에서 '평균금리' 등을 검색하면 '금융기관 가중평균 금리' 자료를 얻을 수 있다.

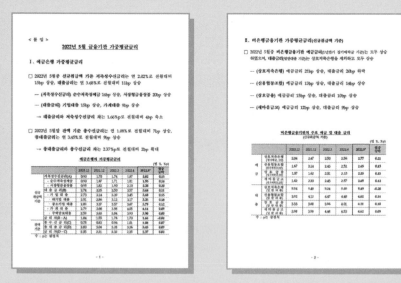

예금은행과 비은행 금융기관으로 나누어 각각의 저축성수신금리, 대출금리에 대해 요약, 제시한다.

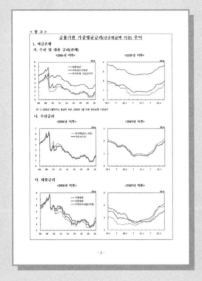

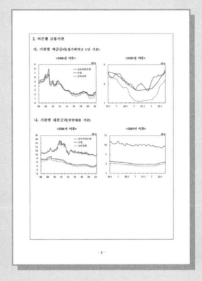

예금은행과 비은행 금융기관의 2005년 이후 수신 및 대출금리를 그래프를 통해 보여준다.

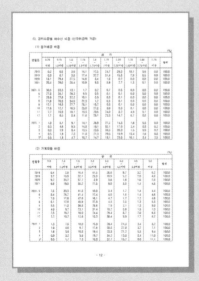

부록 표에서 예금은행의 금리 수준별 여수신 비중, 고정금리 대출 및 특정 금리연동 대출 비중 등의 통계를 볼 수 있다.

01

금리란 무엇인가

금리의 개념

사람들이 필요한 만큼만 돈을 보유할 수는 없다. 돈이 남을 때도 있고 모자랄 때도 있다. 돈이 남으면 은행에 예금하거나 다른 사람에게 빌려준다. 돈이 부족할 때는 남에게 빌리기도 한다. 돈을 빌린 사람은 일정 기간 돈을 빌려 쓴 대가를 지급해야 하는데 이것을 '이자'라 한다. 이 이자가 원금에서 차지하는 비중, 즉 원금에 대한 이자의 비율을 '이자율' 또는 '금리'라 한다. 즉 금리란 금융시장에서 자금 수요자가 공급자에게 자금을 빌린 데 대한 대가로 지급하는,

원금에 대한 이자금액 비율이다.

금리는 이외에도 다양한 의미로 사용된다. 금리란 현재의 소비를 미래로 넘기는 것에 대한 대가(시간 선호율the rate of time preference)로도 정의된다. 예를 들어 내가 지금 100만 원을 가지고 있다고 가정하자. 이 돈으로 가족과 함께 맛있는 음식을 먹고 쇼핑을 하면 즐거울 것이다. 그러나 그 돈을 미래를 위해 은행에 맡겼다면 소비를 미루는 셈이다. 이에 대한 대가를 받아야 하는데, 그 대가가 금리라는 뜻이다.

그 밖에 금리의 정의를 보면 다음과 같다.

- 금리란 화폐 서비스money service의 가격 또는 신용credit의 가격이다.
- 케인스 이론에서 금리는 화폐의 수요와 공급을 반영하는 화폐적 현상monetary phenomenon이다.
- 고전학파 경제학에서는 이자율을 실물적 현상real phenomenon으로 평가하고 있다. 즉 이자율은 생산성과 검약 등 실물적 요인으로 결정된다.
- 힉스Hicks는 IS-LM 분석 모형을 통해 이자율이 실물적이며 동시에 화폐적 현상임을 보여주었다.

그렇다면 금리를 결정하는 요인은 무엇인가? 우선 모든 가격이 수요와 공급에서 결정되는 것처럼 금리도 돈의 수요와 공급에서 결정된다. 예를 들어 기업들이 투자할 데가 많아 금융시장에서 더 많은 자금을 조달하게 되면 금리는 상승한다. 중앙은행이 은행에 돈을 공급하면 은행은 그 돈의 일부로 채권을 사기 때문에 금리는 떨어진다. 경제가 좋아져 가계소득이 늘면 화폐수요함수에서 본 것처럼 돈에 대한 수요가 늘어 금리가 상승한다. 한편 물가가 오르면 그만큼 보상을 받아야 하기 때문에 역시 금리가 상승한다.

뒤에 자세히 설명하겠지만 금리와 채권 가격은 반대 방향으로 움직인다. 또 피셔 방정식을 통해 더 자세한 금리 결정 요인을 알 수 있다.

금리의 기능

금리는 다음과 같이 경제에 다양한 기능을 한다.

첫째, 금리는 자금 수급을 조절한다. 금리가 오르면 자금 수요가 감소한다. 예를 들면 높은 금리에서는 기업의 투자가 줄어 자금 수요가 감소한다. 반면 금리가 낮으면 자금 수요가 늘어난다. 대표적인 사례로 최근 우리 경제에 저금리가 지속되면서 은행에서 대출을 받아 집을 사는 경우가 많아진 것을 볼 수 있다. 중앙은행은 자금 수급을 조절하기 위해 기준금리를 인상하거나 인하한다.

둘째, 금리는 자금 배분 기능을 한다. 금리는 생산성이 높은 곳에 먼저 투자하게 한다. 예를 들어 금리가 10%라면 그 이하의 투자 수익률이 예상되는 곳에는 투자하지 않는다.

셋째, 금리는 경기 조절 기능을 한다. 금리가 오르면 소비와 투자가 위축되고, 금리가 낮아지면 소비와 투자 지출이 는다. 소비와 투자는 명목금리보다는 실질금리에 더 큰 영향을 받는다. 그런데 실질금리가 오르면 미래 대신 현재의 노동 공급을 늘려 상대적으로 많은 현재 생산물을 획득하고 이를 저축하여 미래에 노동 공급 감소로 인해 줄어드는 수익을 보충하려 한다.

넷째, 금리는 물가 조절 기능을 한다. 금리가 오르면 기업의 금융 비용 상승으로 물가도 상승한다. 또 금리가 오르면 소비와 투자가 위축되어 총수요가 감소하고 물가가 하락하기도 한다.

02
꼭 알아야 할 금리의 종류

단리와 복리

금리에는 여러 가지 종류가 있다. 먼저 계산 방법에 따라 단리와 복리로 나눌 수 있다. 단리는 원금에 대해서만 약정된 이자율과 기간을 곱해서 이자를 계산하는 방법이다. 반면 복리는 일정 기간마다 이자를 원금에 합쳐 그 합계 금액에 대한 이자를 다시 계산하는 방법이다. 단리와 복리 계산을 수식으로 표현하면 다음과 같다.

단리: $S = A(1 + rn)$

복리: $S = A(1 + r)^n$

(S: 원리금 합계, A: 원금, r: 이자율, n: 기간)

예를 들어 연리 10%짜리 3년 만기 정기예금에 100만 원을 맡겼을 경우, 단리로 계산하면 원금 100만 원에 1년에 10만 원씩 3년 이자 30만 원을 합하여 만기에 총 130만 원을 받는다.

100만 원 + (100만 원 × 10% × 3) = 130만 원

그러나 복리 계산법을 따르면 이와 다르다. 만기에 133.1만 원을 받는다. 매년 늘어난 이자를 원금과 합한 후 이에 대한 이자율을 적용하기 때문이다.

100만 원 + (100만 원 × 10%) + (110만 원 × 10%) + (121만 원 × 10%) = 133.1만 원

저축 기간이 길어질수록 단리와 복리에 따른 만기 금액 차이는 훨씬 커진다. 앞의 예에서 저축 기간이 50년이라면 단리 예금은 600만 원을 받지만, 복리의 경우에는 117억 3,900만 원을 받게 된다. 이를 복리의 마법이라 부르기도 한다.

50년 단리: 100만 원 × (1 + 10% × 50) = 600만 원

50년 복리: 100만 원 × (1 + 10%)^n × 50 = 117억 3,900만 원

명목금리와 실질금리

우리가 금융시장에서 접하는 금리는 명목금리다. 한국은행은 매월 「금융시장 동향」이라는 보도자료에서 주요 시장금리 동향을 정리해서 발표한다. 이 표에 나타난 금리는 모두 명목금리다.

실질금리는 명목금리에서 물가상승률을 뺀 것이다. 예를 들면 2018년 1월의 국고채(3년)의 명목금리는 2.27%였지만, 당시 소비자물가상승률이 1.9%였기 때문에 실질금리는 0.37%였다. 기업과 가계가 투자나 예금 등을 결정할 때는 명목금리보다 실질금리가 더 중요한 역할을 한다.

수익률과 할인율

[표 9-1]에 나온 국고채, 은행채, 회사채 등에는 일반적으로 '금리' 대신 '수익률'이란 표현을 사용한다. 즉 '국채 금리'보다는 '국채 수익률'이란 표현을 더 많이 사용한다. 100만 원짜리 국채를 지금 산 뒤 1년 후에 원금 100만 원과 이자 2만 원을 받는다면, 수익률은 2%이다.

▶ **표 9-1 주요 시장금리**

(기말 기준, %, %p)

	2014년	2015년	2016년	2017년	2018년	2019년	2020년
국고채 3년(평균)	2.59	1.79	1.44	1.80	2.10	1.53	0.99
국고채 5년(평균)	2.84	1.98	1.53	2.00	2.31	1.59	1.23
국고채 10년(평균)	3.18	2.30	1.75	2.28	2.50	1.70	1.50
회사채 3년(평균)	2.99	2.08	1.89	2.33	2.65	2.02	2.13
CD 91물(평균)	2.49	1.77	1.49	1.44	1.68	1.69	0.92
콜금리(1일물, 평균)	2.34	1.65	1.34	1.26	1.52	1.59	0.70
기준금리	2.00	1.50	1.25	1.50	1.75	1.25	0.50

	2021년	2021년 12월	2022년 01월	2022년 02월	2022년 03월	2022년 04월	2022년 05월
국고채 3년(평균)	1.39	1.80	2.06	2.29	2.37	2.94	3.02
국고채 5년(평균)	1.72	1.98	2.28	2.50	2.60	3.14	3.23
국고채 10년(평균)	2.07	2.19	2.49	2.69	2.78	3.22	3.30
회사채 3년(평균)	2.08	2.41	2.63	2.87	3.03	3.63	3.78
CD 91물(평균)	0.85	1.27	1.39	1.50	1.50	1.64	1.77
콜금리(1일물, 평균)	0.61	1.01	1.19	1.22	1.24	1.30	1.51
기준금리	1.00	1.00	1.25	1.25	1.25	1.50	1.75

주: 콜금리 목표는 월말 기준이며, 국고채 10년은 2000년 11월부터, 콜금리 목표는 1999년 4월부터임.
자료: 한국은행

수익률(2%) = 이자금액 / 채권 가격 = 20,000 / 1,000,000 = 0.02

한편 100만 원짜리 채권을 지금 2만 원 할인된 98만 원에 사고 1년 후에 100만 원 받는 경우에는 할인율이 2%라 한다. 이것은 현재 98만 원짜리 채권에 투자하고 1년 후에 원금 98만 원과 이자 2만 원을 받는 것과 같다. 금융시장에서 일반적으로 사용하고 있는 금리 또는 이자율은 수익률 개념이다.

할인율(2%) = 할인금액 / 채권 가격 = 20,000 / 1,000,000 = 0.02

이를 수익률 개념으로 전환하면 다음과 같다.

수익률(2.04%) = 이자금액 / 채권 가격 = 20,000 / 980,000 = 0.0204

고정금리와 변동금리

우리는 예금을 하거나 대출받을 때 '고정금리'와 '변동금리' 중에 선택해야 하는 경우가 많다. 고정금리는 금융상품에 가입한 기간 혹은 대출 약정 기간에 시장금리가 아무리 큰 폭으로 변하더라도 이자율이 변하지 않는 것을 의미한다.

반면에 변동금리는 적용되는 기간에 예금 혹은 대출금리가 시장

금리에 따라 변동한다. 앞으로 금리가 떨어질 것이라 예상한다면 저축자는 고정금리를, 대출자는 변동금리를 선택하는 것이 유리하다.

03

한 나라의 적정 명목금리를 추정하는 피셔 방정식

금융기관이 발표하는 금리인 명목금리는 실제로 금융을 통해 얻는 이익과 다를 수가 있다. 물가 상승으로 화폐 가치가 떨어지면 그만큼 이자율이 낮아지는 셈이다. 즉 실질금리는 물가상승률에 따라 달라질 수 있다. 우리가 금융기관에 돈을 맡기고 받는 이자는 자본수익에 인플레이션을 합치거나 뺀 금액이 된다. 예를 들어 은행에 100만 원을 맡기고 1년 후 106만 원을 받는다면 금리는 6%이다. 그런데 물가상승률(인플레이션)이 2%라면 실질금리는 4%가 된다. 이러한 명목금리와 실질금리, 인플레이션의 관계를 표현하는 것이

피셔 방정식Fisher equation이다.

경제학에서 널리 사용되는 산식인 피셔 방정식은 명목이자율을 실질이자율과 인플레이션율의 합으로 나타낸다. 이자에 관한 이론으로 유명한 미국의 경제학자 어빙 피셔Irving Fisher의 이름을 따서 지었다.

명목이자율을 i, 실질이자율을 r, 인플레이션율을 π라고 할 때, 피셔 방정식은 다음과 같이 표시된다.

$$i \approx r + \pi$$

그러나 논의의 편의성을 위해 이 식은 종종 항등식으로 표현된다.

$$i = r + \pi$$

피셔 방정식은 한 나라의 적정 명목금리를 추정하는 데 자주 사용된다. 그런데 실질금리는 미리 추정할 수 없기에 실질금리 대용 변수로 실질 소비증가율을 사용한다. 장기적으로 한 나라의 경제에서 실질 소비증가율은 실질 경제성장률과 거의 같으므로 실질금리 대용 변수로 실질 경제성장률을 사용하는 것이 일반적이다. 그래서 한 나라의 적정 명목금리는 그 나라의 실질 경제성장률과 물가상

(단위: %)

	실질 GDP	소비자물가	적정금리	회사채
1980~2021년	5.96	4.6	10.56	9.64
1980~1985년	7.67	10.94	18.61	19.05
1986~1989년	10.81	4.66	15.47	13.68
1990~1997년	8.36	6.13	14.49	14.52
1998~2021년	3.84	2.49	6.33	4.99

자료: 한국은행, 통계청

승률의 합으로 표현한다. 여기서 경제성장률에는 국내총생산GDP
이, 물가에는 소비자물가가 주로 사용된다.

　한국의 적정금리와 실질금리(회사채 3년, AA-기준)를 비교해보면,
1980년에서 2021년까지의 적정금리(= 실질 경제성장률 + 소비자물가
상승률) 평균이 10.56%였으나, 이 기간에 실질금리 평균은 9.64%다.
큰 차이는 없지만, 실질금리가 적정금리보다 낮았다. 그러나 기간
에 따라서는 차이가 있었다. 실질금리가 적정금리보다 낮은 시기에
는 국내 저축률이 투자율보다 높아 경상수지가 흑자를 이룬 때였
다. 이에 대해서는 11장에서 자세히 살펴볼 것이다.

　2018년 2월 8일 기준 3년 만기 국채와 회사채(AA-등급) 수익률
이 각각 2.27%와 2.68%로, 한국은행이 예상(2018년 1월 기준)하는
2018년의 실질 경제성장률 3.0%보다 낮았다. 그렇다고 물가상승률

이 마이너스인 상태도 아니다. 그렇다면 피셔 방정식이 잘못된 것인가? 그렇지는 않다. 국채나 회사채 3년 수익률에는 3년 후 우리나라의 경제성장률이나 물가상승률 기대치가 반영되어 있다. 과거 통계를 볼 때 국채 수익률이 그해의 경제성장률보다 낮았다면 다음 해 경제성장률은 떨어졌다. 어떻게 생각하면 시장이 현명한 것이다.

2018년 2월 22일 기준 우리나라의 10년 만기 국채 수익률은 미국보다 낮았다. 한국 국채 수익률은 2.82%였고, 미국은 2.93%였다. 이를 두고 장기적으로 한국의 경제성장률 혹은 물가상승률이 미국보다 낮아질 수 있다는 경고가 나오기도 했다.

04

채권 수익률과 채권 가격은 반대 방향으로 변동한다

채권은 만기까지 보유하고 있으면 발행 때 약정한 수익(금리)을 받는다. 정기예금과 같은 원리다. 하지만 만기가 되지 않더라도 채권시장에서 팔아서 차익을 얻거나 손실을 볼 수도 있다. 채권시장에서는 매일 채권 가격과 수익률이 달라진다.

그런데 채권 수익률과 채권 가격은 서로 반비례 관계에 있다. 예를 들어 1년 뒤 만기가 오면 원금 100만 원과 이자 5만 원을 받는 A기업의 채권이 있다. 그런데 이 회사의 사업이 부진하고 신용도가 낮아서 채권시장에 A기업 채권을 내놓은 사람이 늘어났다. 그러면 수요·공급의 균형에 따라 채권 가격이 낮아진다. 만약 A기업 채권이 90만 원이 되었다면 채권 수익률은 5%(채권 가격 100만 원에서 이자 5만 원의 비율)에서 5.56%(채권 가격 90만 원에서 이자 5만 원의 비율)로 올라간다.

반대 상황도 예를 들어 보자. A기업과 마찬가지로 1년 뒤 만기가 되면 원금 100만 원과 이자 5만 원을 받는 B기업 채권이 있다. 이 회사의 사업이 잘되고 신용도가 높아져 채권시장에서 B기업 채권을 찾는 사람이 늘어나 채권 가격이 105만 원이 되었다고 하자. 그러면 채권 수익률은 5%에서 4.8%(채권 가격 105만 원에서 이자 5만 원의 비율)로 떨어진다.

그래서 투자자들은 채권 수익률이 떨어질 것이라 예상하면 채권을 사들인다. 채권 수익률 하락이 채권 가격 상승을 의미하기 때문이다.

100만 원짜리 채권을 지금 2만 원 할인된 98만 원에 사고 1년 후에 100만 원을 받는 경우의 할인율을 계산하면 2.04%이다.

수익률(2.04%) = 이자금액 / 채권 가격 = 20,000 / 980,000 = 0.0204

그런데 100만 원짜리 채권을 지금 4만 원 할인된 96만 원에 사고 1년 후에 100만 원을 받는다면 수익률은 4.17%이다.

수익률(4.17%) = 이자금액 / 채권 가격 = 40,000 / 960,000 = 0.0417

여기서 보는 것처럼 수익률이 4.17%일 때 채권 가격은 96만 원이고, 수익률이 2.04%일 때는 채권 가격은 98만 원이다. 이처럼 채권 수익률과 채권 가격은 역의 관계가 있는 것이다.

이를 채권시장과 자금시장으로 나눠 수요·공급 곡선의 변화로 설명해볼 수 있다. 일반적으로 채권시장에서 채권 공급자는 기업이다. 기업은 투자나 운용자금을 조달하기 위해 채권을 발행한다. 반면 채권 수요자는 일반적으로 개인이다. 금융회사도 채권을 사지만 개인의 자금이 주된 원천이다.

한편 채권시장에서 채권 발행자는 자금시장에서는 자금 수요자이다. 반면 채권시장에서 채권을 사는 개인은 자금시장에서 자금 공급자이다.

이제 어떤 기업이 투자자금을 조달하기 위해 채권 발행을 늘렸다고 해보자. 이때 채권 공급 곡선이 우측으로 이동([그림 9-1]에서 공급 곡선이 BS1에서 BS2로 이동)하고 채권 가격은 P1에서 P2로 떨어진다. 한편 기업이 채권 발행을 늘렸다는 것은 자금시장에서 자금의 수요 곡선이 우측([그림 9-2]에서 MD1에서 MD2로)으로 이동한 것을 의미한다. 이 경우 금리는 R1에서 R2로 오르게 된다. 따라서 다른 조건이 일정할 때, 기업이 채권 발행을 늘리면 채권 가격은 낮아지

▶ 그림 9-1 채권시장

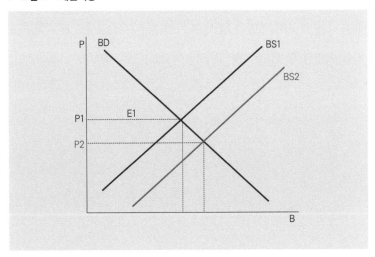

▶ 그림 9-2 자금시장

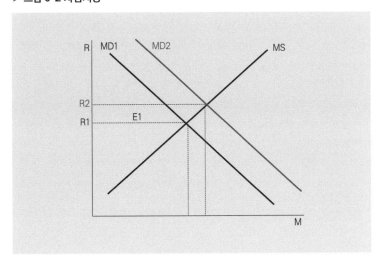

고 수익률은 상승한다. 이 두 그림을 기억하고 있으면 어떤 경제 및 금융시장 요소가 변했을 때 채권 가격(혹은 수익률)이 오르고 내리는지를 설명할 수 있다.

05

반대로 오르내리는
통화와 금리의 관계

시중의 통화량과 금리는 어떤 관계가 있을까? 예를 들어 한국은행이 본원통화를 공급할 때 금리는 오를까, 떨어질까? 경제가 정상적으로 작동하는 경우 통화 공급이 늘면 단기적으로는 시장금리(명목금리)가 떨어진다. 그러나 중장기적으로는 금리가 원래 수준보다 오르게 된다.

이 과정을 자세히 살펴보자. 중앙은행이 통화를 공급하면 은행의 대출 여력이 늘고 채권 매수가 확대되어 금리가 하락한다. 이것을 '유동성 효과'라 한다. 그러나 금리가 하락하면 소비와 투자가 증가하면서 소득이 증가하고, 통화 수요도 늘어 금리가 상승한다. 이를 '소득 효과'라 한다. 마지막으로 소득(소비) 증가로 물가가 상승하면서 금리가 원래 수준 이상으로 상승하는 것을 '피셔 효과'라 한다.

간단히 말해 시중의 통화량이 증가하면 단기적으로는 화폐의 수요·공급 변화에 따른 자연스러운 현상으로 금리가 낮아진다. 중장기적으로는 소득 효과와 피셔 효과가 나타나 금리가 상승하는 것이 일반적인 현상이다.

그러나 2008년 미국에서 시작된 글로벌 금융위기 이후에는 통화와 금리의 이런 관계가 잘 나타나지 않고 있다. 금융위기 이후 미국 등 선진국 중앙은행은 2가지 측면에서 통화정책을 운용했다. 우선 중앙은행이 조절할 수 있는 기준금리를 거의 영(0) 퍼센트까지 내렸다. 다음으로 이 금리를 유지하기 위해 양적 완화(중앙은행이 돈을 찍어 시장에서 국채 등 채권을 매입하는 것)를 통해 시중에 막대한 돈을 풀었다. 그래서 시장금리가 낮은 수준을 유지했다. 유동성 효과가 나타난 것이다. 저금리와 풍부한 시중 유동성은 주가와 집값을 상승시키고 어느 정도 소비를 증가시켜 경제성장에 기여했다.

그런데 경제가 성장하고 가계소득이 늘면 돈의 수요가 늘어 금리가 상승하는 것이 정상적이다. 즉 소득 효과가 실현되어야 한다. 그리고 물가가 오르는 피셔 효과도 나타나는 것이 맞다. 최근 세계 각국에서는 물가가 오르고 있다. 미국을 포함한 세계 경제에 인플레

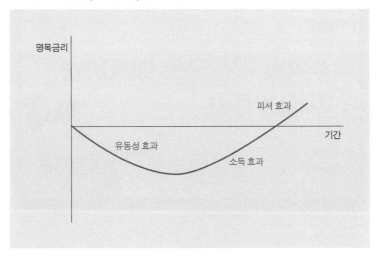

이션 압력이 존재하기 때문이다. 이는 불황을 극복하는 과정에서 생긴 거품을 제거하는 필연적인 일이다.

06

수익률 곡선으로 예측하는 미래의 경기

　같은 종류의 금융상품이라도 만기가 짧은지 긴지에 따라 수익률이 다를 때가 많다. 예를 들어 같은 기관이 발행한 채권이라도 3년 만기의 연 수익률이 2.5%인데 10년 만기는 연 수익률이 3%가 되기도 한다. 미국의 경우 국채시장이 잘 발달해서 만기가 3개월, 1년, 2년, 5년, 10년, 30년 등으로 다양하다. 정상적인 경우라면 기간 프리미엄 때문에 수익률 곡선yield curve은 우상향하게 된다. 즉 만기가 긴 국채가 수익률이 더 높은 것이다. 앞서 이자는 소비를 미래로 미루는 것에 대한 보상이라고 했다. 지연 기간이 늘어나는 데 비례해서 보상이 늘어나는 것은 자연스러운 일이다.

그러나 상황에 따라서는 만기에 따른 수익률 곡선이 우하향할 수도 있다. 즉 만기가 길수록 수익률이 낮아지는 것이다. 이 경우는 앞으로 경기가 침체에 빠질 것임을 시사한다. 피셔 방정식에서 보았던 것처럼 국채 수익률에는 미래의 경제성장률과 물가상승률이 포함되어 있다. 그런데 만기가 긴 국채 수익률이 만기가 짧은 것보다 낮다면 앞으로 경제성장률이나 물가가 떨어진다는 것을 의미한다.

[그림 9-4]는 미국의 장단기 금리 차이와 경기선행지수 추이를 그려놓은 것이다. 여기서 장단기 금리 차이는 국채 10년과 2년의 수익률 차이다. 2006년에서 2007년 상반기 10년 국채 수익률이 2년 국채 수익률보다 더 낮아졌다. 수익률 곡선이 역전했다. 이것은 경

▶ **그림 9-4 경기에 선행하는 미국의 장단기 금리 차이**

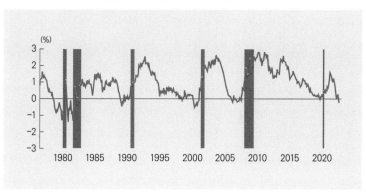

자료: Bloomberg

기침체가 다가오는 것을 채권시장이 예고한 셈이다. 실제로 미국 경제는 2007년 하반기부터 경기침체 조짐이 나타났고, 2008년에는 금융위기를 겪을 만큼 경기침체 정도가 심했다. 그런데 2015년 하반기부터 다시 금리 차이가 축소되었으며 2019년 말에서 2020년 동안에는 장단기 금리가 거의 비슷했다. 이는 미국의 경제성장률이 낮아질 것을 시사했고 이는 현실에서 그대로 나타났다.

한편 장단기 금리 차이는 우리 경제를 예측하는 데도 도움을 주고 있다. 통계청에서 작성하는 경기선행지수에도 장단기 금리 차이가 들어가 있다. 여기서 장단기 금리 차이로 국채 10년과 1년 수익

▶ **그림 9-5 장단기 금리 차이와 선행지수**

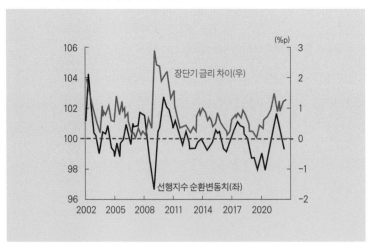

자료: 통계청, 한국은행

률 차이를 사용했는데, 장단기 금리 차이가 경기에 앞서가는 선행지수 순환변동치에도 5개월 정도 선행했다.

이는 금융시장을 전망하는 데 매우 유용한 지표가 될 수 있다. 주가와 채권 수익률 등 금융변수는 경기에 선행하기 때문에 경기를 예측하고 대응해야 한다. 그런데 선행지수 순환변동치는 매월 말에 지난달 통계를 발표한다. 하지만 장단기 금리 차이는 매일 시장에서 관찰할 수 있으므로, 이를 보고 향후 경기를 판단할 수 있다.

한편 우리나라 장단기 금리 차이는 경제성장률에 2분기 정도 선행하여 움직이기 때문에, 금리를 보고 2분기 후의 성장률 방향을

▶ 그림 9-6 장단기 금리 차이와 경제성장률

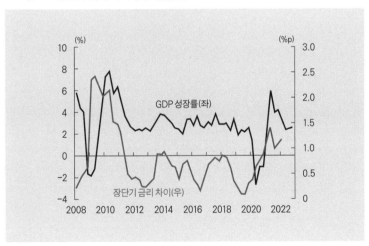

자료: 통계청, 한국은행

추정해볼 수 있다. 일부 전문가들은 복잡한 거시경제 모델보다도 장단기 금리 차이 하나로 경제성장률을 더 잘 예측할 수 있다고까지 주장한다.

07

모르면 손해 보는
금리의 위험한 구조

앞에서 같은 기관이 발행한 채권이라도 만기에 따라 수익률이 달라질 수 있으며, 장단기 금리 차이가 경제를 전망하는 데 의미 있는 해석을 제공한다는 것을 살펴보았다. 이번에는 만기는 똑같은데 발행하는 기관이 다를 때 발생하는 채권 수익률 차이에 대해 알아보자. 만기가 같더라도 채권이 다르면 수익률도 달라진다. 이는 채무불이행 위험, 유동성 위험, 금융자산에 대한 조세 차이에서 비롯된다. 만기가 3년으로 같아도 회사채 수익률이 국채 수익률보다 높다. 이는 회사채가 국채보다 채무불이행 위험이 훨씬 크기 때문이다.

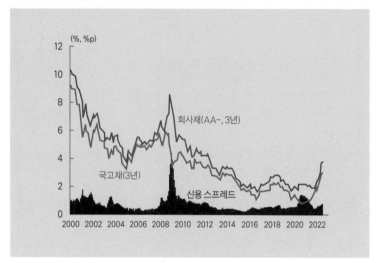

자료: 한국은행

회사채 수익률과 국채 수익률 차이가 좁혀졌다면 이는 채무불이행 위험이 줄어들었음을 의미한다. 이런 지표가 나타날 때는 금융시장이 안정된 시기다. 그러나 두 채권의 수익률 차이가 벌어지면 금융시장의 불안함을 시사한다. 2008년 글로벌 금융위기 때 금리 차이가 크게 확대되었는데, 이는 안전자산 선호 현상 때문이었다. 금융시장이 불안하면 불안할수록 투자자들은 안전자산인 국채를 집중적으로 사들이기 때문에 국채 수익률은 하락하고 회사채 수익률은 상승하게 된다.

● 이자율에 대한 보론 ●

☑ 이자율의 성립

(1) 실물적 측면에서 이자율의 정당성

① 생산력설: 생산력을 가진 자본재 존재, 이자를 지불하고 자본재를 구입한다(J. B. Say, T. R. Malth).

② 시간선호설: 미래보다는 현재 소비 선호, 현재재 소비 희생에 따른 대가가 이자율이다(E. B-Bawerk, I. Fisher).

③ 인구 증가: 젊은 세대는 현재의 노인 세대를 부양하고, 그 대가로 나중에 젊은 세대로부터 보상받는다. 인구가 증가하면 인구 증가분만큼 재화를 더 받을 수 있다. 이를 생물학적 이자율이라 한다(Paul Samuelson, 중첩세대 모형).

(2) 화폐적 측면에서 이자의 정당성(유동성 선호설)

저축자들이 저축한 소득을 현금의 형태로 보유하고 있으면, 원하는 때에 원하는 재화와 서비스로 즉시 전환이 가능하다. 이러한 현금이 갖는 매력을 유동성이라 하며, 케인스는 이를 이자 발생의 원천으로 봤다.

☑ 이자율의 결정

(1) 화폐와 실질이자율

이자율은 개인 선호 체계와 투자수익을 결정해주는 일국의 생산함수 등으로부터 영향을 받는다. 아담 스미스는 "어디에 있어서나 화폐의 사용으로 무엇인가가 만들어질 수 있기 때문에, 어디에 있어서나 그것의 사용에 대해서 무엇인가 지불되어야 마땅하다"고 말했는데, 이를 현대적인 말로 바꾸면 "실물이자가 있기 때문에 화폐이자가 있다"고 표현할 수 있다. 따라서 비합리적 경제주체가 존재할 경우 화폐가 실질이자율에 영향을 줄 수 있다.

(2) 고전적 이자율 결정이론

① 고전학파 이자율 결정이론: 이자율은 실물적 현상. 시간의 선호(공급)와 자본의 한계생산성(수요)에 의해 이자율 결정.

② 빅셀의 이자율 결정이론
- 시장이자율(market rate of interest): 대부시장에서 실제로 나타나는 화폐적 이자율.
- 자연이자율(natural rate of interest): 실물자본의 수요와 공급에 의해 결정되는 이자율.
- 시장이자율은 자연이자율을 중심으로 변동.
- 시장이자율이 자연이자율보다 낮다면 투자 증가 → 소득 증가 → 물가 상승(화폐가 이자율을 통해 실물경제에 영향).

③ 유동성선호설
- 이자율은 기본적으로 화폐적 현상, 유동성 희생에 대한 대가.
- 화폐 수요는 소득에 대한 양(+)의 함수, 이자율에 대한 음(-)의 함수.
- 화폐 공급 증가 → 채권 수요 증가 → 채권 수익률 하락 → 이자율 하락.
- 이자율은 자금의 산업적 유통이 아니라 금융적 유통에 의해 결정.

④ 고전학파와 케인스 이론의 비교

	고전학파	케인스
분석 방법	유량(flow) 분석: 늘어나는 저축과 투자 중시	저량(stock) 분석: 화폐와 다른 금융자산의 잔고 중시
이자율 수준 결정	채권시장	화폐시장
통화량의 영향	이자율은 통화량과 관계없음	통화량이 이자율 수준에 영향

(3) 현대적 이자율 결정이론

① 대부자금설

- 고전학파의 유량 분석과 케인스의 저량 분석을 종합하여 이자율 결정 요인 설명.
- 공급 측의 저축 + 신용창조 + 부(-)의 화폐 퇴장 = 소비자금융 + 투자 + 정부의 예산적자 + 화폐의 퇴장.
- 즉 저축 + 통화 공급의 증가 = 투자 + 재정적자 + 화폐 수요의 증가.

② 피셔 방정식

- 명목이자율 = 실질이자율 + 예상 물가상승률.
- 명목이자율과 예상 물가상승률이 1 : 1로 변동하는가
: 경제주체의 불완전한 정보로 1 : 1로 대응하지 않을 수 있다.

☑ 이자율의 시간적 변동

(1) 이자율의 기간 구조

① 단기 이자율과 장기 이자율

- 채권의 만기와 이자율의 관계를 이자율의 기간 구조(term structure of interest rate)라 한다.
- 일반적으로 유동성 프리미엄 때문에 장기채권의 이자율이 단기채권의 이자율보다 높다.

② 수익률 곡선(yield curve)과 통화정책

- 이자율과 채권의 만기와의 관계를 나타낸 곡선을 수익률 곡선이라 한다.
- 일반적으로 유동성 프리미엄 때문에 우상향(체감하면서 상승).
- 그러나 통화 긴축 등의 경우 우하향(전도된 수익률 곡선, inverted yield curve)하는 경우도 가능.

③ 수익률 곡선을 설명하는 이론

- 편기대가설: 민간 경제주체들의 향후 이자율에 대한 불편 기대인 합리적 예상이 실제의 이자율로 반영된다.

  예) 1년 후 단기채의 이자율 상승 예상 → 현재의 장기채 보유자 매각 (1년 후 자금 공급자) → 장기채 공급 증가 → 장기채 가격 하락(이자율 상승).

- 유동성 프리미엄설: 유동성 프리미엄 때문에 불편기대설이 예상하는 수준보다 장기채권이 더 상승한다. 수익률 곡선이 정(+)의 기울기를 갖는다.

- 시장분할설
  - 단기와 장기 채권시장은 완전히 분리.
  - 단기 이자율은 기업의 재고 축적을 위한 자금 수요의 변화 등 수요 측 요인과 더불어 예금은행 및 중앙은행의 행위와 같은 공급 측 요인에 의해 결정.
  - 장기 이자율은 기업의 자본 확장, 가계의 주택 구입 등 대부자금에 대한 수요와 생명보험회사와 연기금 같은 대부자금의 공급 변화에 의해 결정.

(2) 균형이자율 수준의 변화

① 자본 축적과 이자율의 변화

- 선진국 이자율이 낮은 이유는 자본의 한계생산성 체감에 기인.
- 정체 상태(stationary state)에서는 균형 실질이자율과 시간 선호율 일치.
- 선진국으로 갈수록 자본의 한계수익률 하락, 이자율은 시간 선호율 수준까지 점차 하락.

- 지식의 파급 효과(spillover effect)와 외부 효과(external effect)를 통해 한계생산성 체증 가능.

② 통화 공급과 이자율의 변화

- 통화 공급의 증가는 유동성 효과(liquidity effect)에 의해 단기적으로 이자율 하락 초래.
- 그러나 장기적으로 소득 효과(income effect)와 피셔 효과(Fisher effect)에 의해 이자율 상승.

'금리'지표로 보는 부의 흐름

☑ 금리는 돈의 수요와 공급에 따라 결정되는데, 자금 수급 조절, 자금 배분, 경기 조절, 물가 조절 등의 경제적 기능을 한다.

☑ 명목금리는 금융기관이 발표하는 공식적 금리이며, 실질금리는 명목금리에서 물가상승률을 뺀 것이다.

☑ 채권 수익률과 채권 가격은 서로 반비례 관계에 있다. 즉 채권 가격이 오르면 수익률이 떨어지고 채권 가격이 내려가면 수익률이 올라간다.

☑ 시중의 통화량이 증가하면 화폐의 수요·공급 변화에 따라 금리가 낮아지는 게 자연스러운 현상이지만, 2008년 세계 금융위기 이후 이런 흐름이 나타나지 않고 있다.

☑ 만기가 긴 국채가 만기가 짧은 국채보다 수익률이 더 높아야 하지만, 그 반대의 현상도 나타난다. 경기침체를 예상할 때 그렇다.

10장

가계와 기업의 건강지수:
자금순환

한눈에 보는 자금순환 지표 읽는 법

▶ 한국은행 웹사이트의 '커뮤니케이션' 아래 '보도자료'에서 '자금순환' 등을
검색하면 분기별 자금순환 지표 자료를 얻을 수 있다.

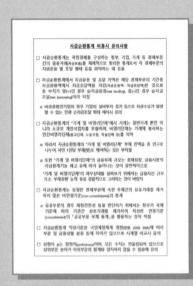

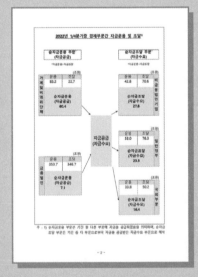

자금순환표를 읽을 때 참고 사항을 알려주며 발표 분기의 경제 부문 간 자금 흐름을 도해로
압축해서 제시한다.

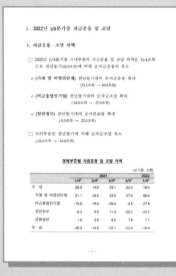
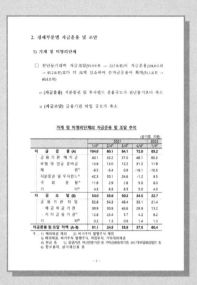

발표 분기의 경제 부문별 자금 운용 및 조달 상황을 요약하여 보여준다.

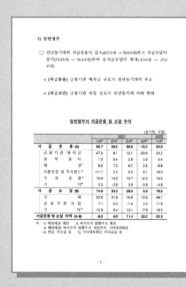

발표 분기의 일반 정부, 국외 부문의 자금 조달과 운용 현황을 요약해서 보여준다.

자금순환이란 무엇이고 어떻게 구성되는가

경제를 파악하는 효과적인 방법 중 하나는 돈의 흐름을 관찰하는 것이다. 한 나라에서 자금이 어디서 생겨 어디로 가는지, 그리고 각 경제주체가 어떻게 자금을 조달하고 운용하는지를 알면 경제와 금융시장에 대한 이해가 훨씬 더 깊어진다.

한국은행은 매 분기 자금순환표를 발표한다. 이 자금순환표는 국민경제를 구성하는 정부, 기업, 가계 등 경제 부문 간의 금융 거래 혹은 자금 흐름을 체계적으로 정리한 통계로서 각 경제 부문의 자금 조달 및 운용 패턴 등을 파악하는 데 유용하다.

자금순환을 구성하는 경제주체를 보면 우선 가계와 비영리단체가 있다. 이를 흔히 개인 부문이라 부른다. 가계는 일반 가계뿐만 아니라 소규모 개인사업자를 포함한다. 비영리단체는 가계에 봉사하는 민간 비영리단체(비자단체, 자선·구호단체, 종교단체, 노동조합, 학술단체 등)로 구성된다. 개인 전체적으로 보면 금융회사에 저축한 돈이 빌린 돈보다 많기 때문에 개인을 자금잉여 주체라 한다.

　비금융 기업은 금융을 제외한 기업을 의미한다. 기업은 일반적으로 투자 행위를 하는데, 모자란 돈을 금융회사에서 차입한다. 그래서 기업은 자금부족 주체가 된다.

　한편 정부와 해외 부문은 경제 상황에 따라 자금잉여 주체와 부족 주체가 될 수 있다. 금융법인은 이들을 중계하는 역할을 한다.

02
한눈에 보는 자금순환표

2017년 3분기 우리 경제의 자금 흐름을 한눈에 파악할 수 있는 내용이 [그림 10-1]에 제시되어 있다. 우선 가계 및 비영리단체는 1분기 동안 83.2조 원을 각종 금융자산에 운용했고, 22.7조 원을 조달(금융회사에서 차입)했다. 이 차이가 자금잉여(순자금운용, 자금공급)인데, 1분기 개인의 자금잉여는 60.4조 원이다. 쉽게 말해 우리나라의 개인이 2022년 1분기에 금융회사에 저축한 돈이 빌려 쓴 돈보다 60.4조 원이 더 많았다는 의미다. 자세한 운용 및 조달 내용은 다음에서 자세히 살펴볼 것이다.

▶ 그림 10-1 2022년 1분기 중 경제주체 간 자금 흐름

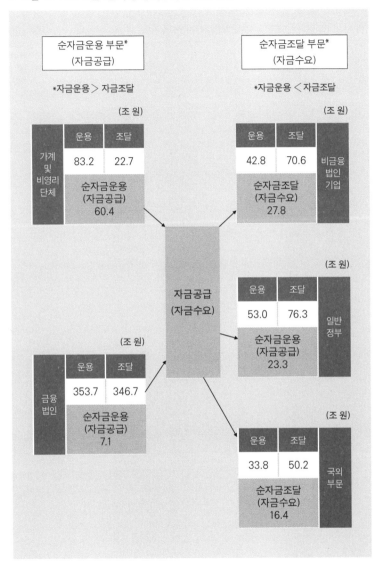

개인의 자금잉여는 어디론가 흘러가 부족한 부문을 채우게 된다. 먼저 개인의 자금은 금융법인을 통해 기업으로 들어간다. 2022년 1분기 기준 기업 부문의 자금부족 규모는 27.8조 원(운용과 조달의 차액)이다. 한편 국외 부문에서도 16.4조 원의 자금이 부족했다. 국외 부문은 외국인 입장에서 자금 조달과 운용을 나타낸다. 그래서 경상수지가 흑자를 내고 있는데도, 국외 부문은 자금부족 부문으로 나타나고 있다. 정부 부분에서도 23.3조 원의 자금이 부족했다.

기업, 국외, 정부 부문의 자금부족 규모를 합하면 총 67.5조 원이다. 그런데 개인의 자금잉여는 60.4조 원이었다. 그렇다면 7.1조 원의 자금이 모자란다. 이를 금융법인(7.1조 원)이 메워준 것이다.

03

각각의 경제주체는 어떻게 자금을 조달·운용하는가

자금순환에는 각 경제주체가 어떻게 자금을 조달하고 운용하는지를 보여준다. 여기서는 개인(가계 및 비영리단체)의 자금 조달 및 운용에 대해서만 살펴보겠다.

[표 10-1]은 개인의 자금 조달 및 운용 내용을 보여준다. 2022년 1분기를 기준으로 우리나라 개인은 22.7조 원을 자금을 조달(차입)했다. 개인은 금융회사에 돈을 빌리는데, 주로 예금 취급기관(주로 은행)을 이용하고 있다.

한편 개인은 임금 및 자산소득으로 소비하고 남은 돈을 저축한

▶ **표 10-1 가계 및 비영리단체의 자금 운용 및 조달 추이**

(분기 중, 조 원)

		2021				2022
		1/4ᵖ	2/4ᵖ	3/4ᵖ	4/4ᵖ	1/4ᵖ
자금운용(A)		104.0	80.1	84.1	72.0	83.2
	금융기관예치금	40.1	33.2	37.0	48.1	60.3
	보험 및 연금 준비금	13.8	13.0	12.2	31.2	11.9
	채권[1]	-8.5	-5.4	0.9	-16.1	-10.5
	지분증권 및 투자펀드[2]	42.3	30.1	24.6	-1.2	9.5
	국외 운용[3]	11.8	2.9	2.8	5.0	8.0
	기타[4]	4.5	6.3	6.5	5.0	4.0
자금조달(B)		53.0	55.6	50.2	34.5	22.7
	금융기관차입	52.8	54.3	49.4	33.1	21.4
	• 예금취급기관	39.9	30.9	43.6	28.9	13.2
	• 기타 금융기관[5]	12.8	23.4	5.7	4.2	8.2
	기타[6]	0.2	1.3	0.9	1.4	1.3
자금 운용 및 조달 차액(A-B)		51.1	24.5	33.9	37.5	60.4

주: 1) 해외채권 제외
  2) 비거주자 발행주식 제외
  3) 해외채권, 비거주자 발행주식, 직접투자, 기타 대외채권
  4) 현금 등
  5) 증권기관, 여신전문기관 등 기타 금융중개기관, SPC·대부업외감법인 등
  6) 정부융자, 상거래신용 등
자료: 한국은행

다. 이를 자금순환에서 자금운용이라고 표시하는데, 자금운용 대
상은 금융기관, 보험 및 연금, 채권, 주식 등으로 구분된다. 2022년

1분기 개인의 자금운용 규모는 83.2조 원에 이르렀다.

운용과 조달 금액의 차이를 자금잉여(순자금운용)라 하는데, 2022년 1분기 자금잉여 규모는 60.4조 원이었다. 앞에서 살펴보았던 것처럼 개인의 자금잉여는 주로 자금부족 주체인 기업에게로 간다.

한편 개인의 자금운용 측면에서 각국의 자금순환을 비교해보면 국가별로 개인들이 어떤 금융상품을 선호하는지 알 수 있다. [표 10-2]는 우리나라와 일본 및 미국 개인의 자금운용을 비교한 것으로, 이에 따르면 일본 개인은 가지고 있는 금융자산의 52.7%(2015년 9월 기준)를 현금 및 예금으로 보유하고 있다. 일본의 은행예금 금리는 거의 영(0) 퍼센트인데도, 일본 가계는 가지고 있는 금융자산의 절반 이상을 은행에 맡기고 있는 셈이다.

▶ 표 10-2 한국, 일본, 미국 개인의 금융자산 운용 비교

(단위: %)

	금융자산	현금 및 예금	채권	주식	보험 및 연금	기타
한국	4,925조 원 (4.1조 달러)	43.4	2.3	23.0	30.4	0.9
일본	2,023조 엔 (17.6조 달러)	54.0	1.3	15.1	26.7	4.4
미국	118.2조 달러	12.8	2.7	54.0	28.5	2.0

주: 2021년 기준
자료: 한국은행, 일본은행, The Federal Reserve Board, 자금순환계정

이는 주로 2가지 요인 때문인 것으로 분석된다. 우선 나이가 들어 노년기에 접어들면 원금을 보존하고 싶은 심리가 강하기 때문에 주식 등 위험 자산에 투자하지 않고, 특별한 경우가 아니면 원금이 보존되는 은행예금을 찾는 것이다. 다음으로 더 중요한 것이 디플레이션이다. 1990년대 중반 이후로 일본 경제가 디플레이션에 빠졌는데, 디플레이션이란 물가가 지속적으로 떨어지는 현상이다. 예들 들어 소비자물가상승률이 마이너스(-) 2%라면 은행에서 0% 금리를 받아도 실질금리는 2%가 된다.

미국 국민은 일본과는 달리 예금에는 돈을 조금 맡기고(13.7%), 주식에 많이 투자한다. 미국 개인의 금융자산 중 주식 비중이 2015년 9월 기준 33.8%로 일본보다 3배 이상 높다. 미국 가계가 이처럼 주식을 많이 사기 때문에 미국 주가는 장기적으로 상승세를 유지하고 있다. 물론 주가가 장기적으로 상승했기 때문에 주식 투자가 늘어났을 수도 있다.

우리나라 개인의 자산운용은 미국 쪽으로 갈 것인가, 혹은 일본에 가까워질 것인가? 우리 개인이 미국 가계처럼 주식에 많은 자산을 맡긴다면 주가는 크게 오를 것이다. 그러나 우리나라 인구구조의 노령화, 저성장 구조의 정착 등을 고려하면 일본과 유사한 형태로 갈 가능성이 높다.

04

경제주체별 금융자산과 부채 파악하기

한국은행이 발표하는 분기 자금순환에는 각 경제주체가 가지고 있는 금융자산과 부채가 제시되어 있다. 2015년 3월 기준 개인, 기업, 정부가 가지고 있는 금융자산은 6,503.0조 원, 금융부채는 4,496.1조 원이다. 이 차이를 순금융자산이라 하는데, 2,006.9조 원으로 나와 있다.

경제주체 중 가계의 금융자산과 부채를 세밀히 관찰할 필요가 있다. 가계부채가 매우 많은 것이 한국 경제의 고질적 문제로 꼽혀왔기 때문이다. 따라서 계속 부채가 늘면 우리 경제가 다시 위기를 겪

▶ **표 10-3 국내 비금융 부문 금융자산·부채 잔액 추이**

(분기 말, 조 원)

		2021				2022	
		1/4ᵖ	2/4ᵖ	3/4ᵖ	4/4ᵖ	1/4ᵖ ³⁾	
금융자산 (A)	가계 및 비영리단체¹⁾	4,646.9	4,784.0	4,846.8	4,924.4	4,979.7	(55.3)
	비금융 법인기업	3,298.0	3,449.8	3,537.3	3,586.3	3,686.3	(100.0)
	일반정부	2,080.7	2,155.3	2,210.7	2,213.8	2,227.2	(13.5)
	합계	10,025.5	10,389.1	10,594.8	10,724.4	10,893.2	(168.8)
금융부채²⁾ (B)	가계 및 비영리단체¹⁾	2,103.6	2,159.2	2,211.3	2,245.4	2,270.9	(25.5)
	비금융 법인기업	3,012.8	3,074.5	3,161.8	3,235.4	3,283.9	(48.5)
	일반정부	1,192.3	1,216.7	1,240.0	1,235.9	1,291.5	(55.7)
	합계	6,308.7	6,450.5	6,613.1	6,716.6	6,846.3	(129.7)
순금융자산 (A−B)	가계 및 비영리단체¹⁾	2,543.3	2,624.8	2,635.5	2,678.9	2,708.8	(29.8)
	비금융 법인기업	285.2	375.2	375.5	351.0	402.4	(51.5)
	일반정부	888.3	938.6	970.7	977.9	935.7	(−42.2)
	합계	3,716.8	3,938.6	3,981.7	4,007.8	4,046.9	(39.1)
금융자산 (A)/ 금융부채 (B)(배)	가계 및 비영리단체¹⁾	2.21	2.22	2.19	2.19	2.19	
	비금융 법인기업	1.09	1.12	1.12	1.11	1.12	
	일반정부	1.75	1.77	1.78	1.79	1.72	
	합계	1.59	1.61	1.60	1.60	1.59	

주: 1) 가계(소규모 개인사업자 포함) 및 가계에 봉사하는 민간 비영리단체
　　2) '거주자 발행주식 및 출자지분'과 '직접투자' 제외
　　3) ( ) 내는 전 분기 말 대비 증감액
자료: 한국은행

을 수도 있다. 2022년 3월 말 기준 가계 및 비영리단체의 금융 부채는 2,270.9조 원에 이를 정도로 많다. 이런 가계의 높은 부채 때문에 우리 경제가 저성장 국면으로 가고 있다. 물론 가계 금융자산도 늘어나 금융자산/금융부채의 비율이 올라가고 있는 것은 긍정적이다.

05

다양한 자금순환의 응용법

자금순환은 이처럼 다양한 측면에서 경제를 분석하는 데 이용할 수 있다. 필자는 자금순환을 응용하여 일본과 한국 경제를 비교한 글을 쓴 적이 있는데, 자금순환과 경제분석을 이해하는 데 참고가 되리라 생각해 다시 소개하고자 한다. 이 글은 2015년 8월 21일 《내일신문》에 실렸다.

기업투자가 중요한 이유

우리 경제가 20여 년의 시차를 두고 일본 경제를 따라가고 있다

한다. 1990년 중반 이후 일본 기업이 자금잉여 주체가 되면서 경제나 금융시장, 나아가서는 보험사 생존에 중요한 영향을 주었는데, 기업 투자가 부진하다면 이 역시 뒤따를 전망이다.

한 나라 경제를 구성하는 경제주체는 가계, 기업, 정부, 해외 부문이고, 이들을 금융회사가 연결시켜준다. 가계는 자금잉여 주체이다. 가계 전체로 보면 금융저축이 부채보다 많기 때문이다. 개인이 금융회사에 돈을 맡기면 기업은 이 자금을 빌려 투자한다. 그래서 기업은 자금부족 주체라 한다. 나머지 경제주체는 가계와 기업의 형태 변화에 따라 자금잉여 주체도, 부족 주체도 될 수 있다.

1990년에 들어서면서 일본 경제 전반에 걸쳐 거품이 붕괴되었다. 1989년에 38,957까지 올라갔던 주가(니케이 225)가 2004년에는 6,995까지 82%나 하락했다. 주택 가격은 1980~1990년에 2.4배 상승했으나, 그 후 2005년까지 66% 떨어졌다. 1992년 일본 골프 인구가 정점을 치면서 골프 회원권 가격도 평균 95%나 폭락했다. 1995년부터는 물가 수준 자체가 하락하면서 일본 경제는 디플레이션 늪에 빠졌다.

거품 붕괴로 자산 가격이 급락하자 일본 가계는 저축을 늘렸다. 가계가 금융자산의 절반 이상을 안정성이 높은 은행에 맡겼으니 기업이 이 돈을 빌려 써야 했었다. 그러나 기업은 투자를 줄였다. 1990년에 32.3%까지 올라갔던 국내 총투자율이 2008년에는

19.2%로 떨어져 사상 최저치를 기록했다. 기업들이 계속 투자를 줄이다 보니 1990년대 중반부터는 기업이 가계처럼 자금잉여 주체가 되었다. 기업이 금융회사에 저축한 돈이 빌려 쓴 돈보다 많아진 것이다.

은행은 가계와 기업이 저축한 돈을 굴려 다시 이들에게 원금과 이자를 되돌려주어야 한다. 대출이 줄어들어 은행은 유가증권, 특히 안정성이 높은 국채를 주로 매수했다. 디플레이션으로 명목 경제성장률이 마이너스인 상황에서 은행의 국채 매수는 시장금리를 더 빨리 떨어뜨렸다. 국채(10년) 수익률이 1990년 8.2%에서 1998년에는 0.8%까지 떨어졌다. 저금리로 보험사 역마진이 커지고 이들은 구조조정을 해야 했다. 은행이 보험사를 망하게 만든 상황이 전개된 것이다.

저축이 투자보다 상대적으로 더 늘면서 저축률과 투자율 차이가 확대되고 경상수지 흑자가 늘었다. 소비와 투자 등 내수 부진으로 수입이 줄면서 이른바 '불황형' 경상수지 흑자가 발생한 것이다. 경상수지 흑자로 엔화 가치가 상승하면서 디플레이션 압력은 더욱 세졌다.

한편 가계와 기업이 자금잉여 주체로 전환되자 정부는 적자 주체일 수밖에 없었다. 그래서 정부가 적자 재정을 편성하면서 지출을 과감히 늘렸다. 적자를 보전하기 위해 발행한 국채는 은행 등 금융회사들이 다 소화해주었다. 특히 가계와 기업의 대출 수요 부족으로 은행 등이 국채를 사면서 자금운용을 했다. 그러나 정부가 재정을 효율적으로 사용하지 못한 결과, 경제는 회복시키지 못한 채 지속할 수 없을 정도로 정부 부채만 늘었다. 최근에는 정부 부채를 중앙은행이 받아주고 있지만, 갈수록 한계에 직면할 것이다.

우리나라 가계 잉여자금이 늘고 있다. 2021년 개인의 자금잉여가 141조 2,000억 원으로 상승세를 유지하고 있다. 아직 기업 부문이 자금부족 주체로 남아 있지만, 부족 규모는 계속 줄고 있다. 2021년 기업 부문의 자금부족 규모가 74조 3,000억 원인데, 2020년 89조 6,000억 원에 비하면 줄었다. 이런 추세로 간다면 앞으로 몇 년 이내에 기업이 자금잉여 주체가 될 수 있다. 그러면 일본과 유사한 상황이 전개될 것이다. 은행은 가계와 기업이 맡긴 돈으로 국채를 살 것이고, 시장금리는 더 떨어질 전망이다. 보험사는 역마진으로 생존 경쟁을 해야 한다. 내수 부진으로 경상수지가 대폭 흑자를 내면서 원화 가치 상승 요인으로 작용할 것이다. 정부는 적자 재정을 편성할 것이고, 이를 잘못 사용하면 경제도 못 살리고 정부만 부실해질 가능성이 높다. 이런 고리를 중간에 끊을 수 있는 것은 기업의 투자이다. 그래서 다른 어느 때보다 기업 투자 증가가 중요한 시기다.

'자금순환' 지표로 보는 부의 흐름

☑ 자금순환표는 자금이 어디서 생겨 어디로 가는지, 그리고 각 경제주체가 어떻게 자금을 조달하고 운용하는지를 나타내는 지표이다.

☑ 개인은 자금잉여 주체, 기업은 자금부족 주체, 정부와 해외 부문은 상황에 따라 자금잉여 주체와 부족 주체가 된다.

☑ 자금잉여 주체의 남은 자금은 금융기관의 중개에 의해 자금부족 주체에게 흘러 들어가는 순환을 보인다.

☑ 높은 가계부채는 한국 경제의 고질적 문제로 꼽혀왔다. 계속 부채가 늘면 우리 경제가 다시 위기를 겪을 수도 있다.

☑ 자금이 순환하지 않고 불황형 흑자가 쌓이면 기업까지 자금잉여 주체로 돌아서고 경제의 활력이 심각하게 떨어질 가능성이 크다.

11장

외화에 대한 수요와 공급: 환율

한눈에 보는 환율지표 읽는 법

▶ 한국은행 경제통계시스템(ecos.bok.or.kr) 주제별 메뉴의 '환율/통관수출입/외환보유액'을
선택하면 3.1 항목의 환율에서 자세한 환율을 조회할 수 있다. 일일 환율과 함께 평균 환율,
기말 환율 정보를 제공한다. 주요국 통화의 대원화 환율, 주요국 통화의 대미달러 환율, 원화의
대미달러, 대위안, 대엔 환율을 보여준다.

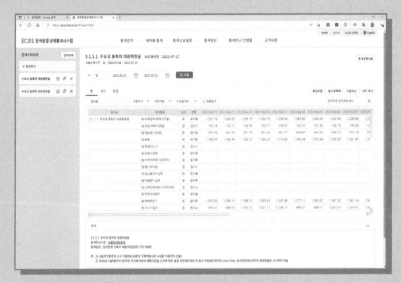

주요국 통화의 대원화 환율을 일일, 평균, 기말 단위로 검색할 수 있다.

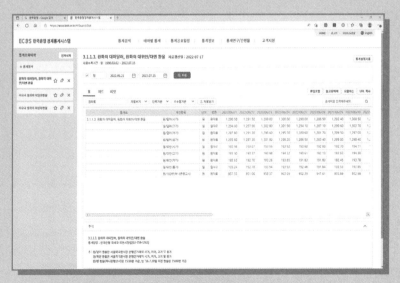

원화의 대미달러, 대위안, 대엔 환율 흐름을 시계열, 매트릭스 단위로 검색할 수 있다.

외환시장 동향에 관한 정리된 보고서를 보려면 한국은행 웹사이트의 '커뮤니케이션' 메뉴 아래 '보도자료'에서 '외환시장' 등을 검색하면 관련 자료를 찾을 수 있다.

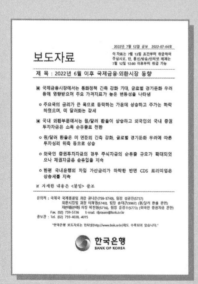

표지에 월별 국제금융과 외환시장 동향을 요약하고 참고 자료로 국제금융시장의 주요 지표를 덧붙였다.

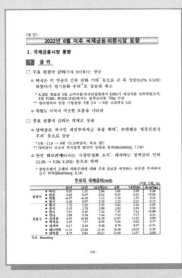

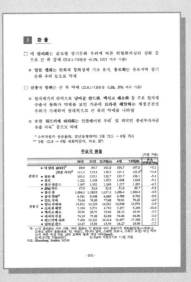

선진국과 신흥국의 금리, 주가, 환율 동향을 분석하여 제시한다.

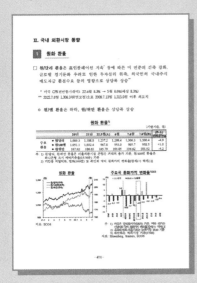

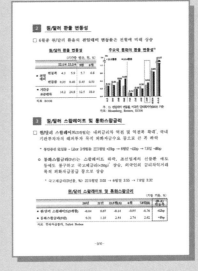

원화 환율, 원/달러 환율 변동성, 외환 스왑 레이트(swap rate), 통화 스왑 금리, 외국인 증권투자 자금, 대외 외화 차입 여건 등 국내 외환시장 동향을 소개한다.

01

알고 보면 재미있는
환율의 경제학

환율이란 무엇인가

우리나라는 국내총생산GDP에서 수출이 차지하는 비중이 50%를 넘을 정도로 수출 의존도가 높은 나라이다. 물론 수입도 많다. 우리가 상품을 외국으로 수출하면 수입자가 주는 돈(보통 달러)을 받는다. 또한 재화나 서비스를 외국에서 수입할 때는 상대방이 요구하는 돈으로 지불해야 한다. 수출입 활동에서 상대방이 요구하는 돈을 얻기 위해서는 우리나라 돈을 상대방이 요구하는 돈으로 바꿔야 한다.

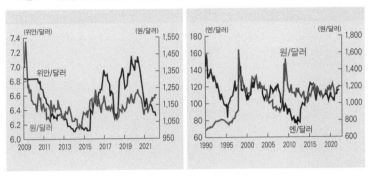

▶ 그림 11-1 위안/달러 및 원/달러 환율 추이   ▶ 그림 11-2 엔/달러 및 원/달러 환율 추이

우리 돈과 다른 나라 돈의 교환비율을 환율이라고 한다. 환율은 보통 미국 달러 기준으로 표시한다. 예를 들어 우리나라에서는 '1달러당 1,200원', 일본에서는 '1달러당 124엔', 중국에서는 '1달러당 6.39위안' 등으로 표시한다. 그러나 유로나 영국의 파운드 등은 자기 돈을 기준으로 표현한다. '1유로당 1.13달러', '1파운드당 1.52달러'와 같이 환율을 표시한다.

환율 변동을 표현할 때 주의해야 할 점은 '평가절하'나 '평가절상'은 보통 고정환율제 때 쓴다는 것이다. 우리나라는 자유시장 변동 환율제를 채택하고 있기 때문에 이들 단어의 무분별한 사용은 잘못된 것이다. 1달러당 환율이 1,000원에서 1,200원으로 변동했다면 "환율이 올랐다" 혹은 "원화 가치가 떨어졌다"는 표현이 적절하다. 그 반대라면 "환율이 떨어졌다" 혹은 "원화 가치가 올랐다"고 표현하면 된다.

환율 결정 요인

환율은 다른 상품과 마찬가지로 외환시장에서 수요와 공급에 따라 결정된다. 우리 수출기업들이 수출을 잘해서 달러를 많이 벌어들이고 이를 외환시장에 공급하면 달러 가치는 하락하고 원화 가치는 상승한다. 원/달러 환율이 떨어지는 것이다. 반대로 우리 수입업체들이 상품이나 서비스를 수입하기 위해 외환시장에서 달러를 산다면 달러 수요가 늘어 환율이 상승하게 된다. 그래서 국제수지가 환율 결정에 가장 중요한 영향을 준다. 국제수지가 흑자라면 우리 외환시장에서 달러 공급이 수요보다 많다는 뜻이므로 달러 가치는 떨어지고 원화 가치는 상대적으로 오른다.

환율을 결정하는 두 번째 요인은 물가이다. 물가가 낮은 나라의 돈 가치가 오른다. 한 나라의 상품 가격이 낮으면 그 나라의 수출이 증가하면서 무역수지가 흑자를 이루기 때문이다.

국가 간 금리 차이도 환율을 결정한다. 여기서 금리란 물가상승률을 차감한 실질금리다. "돈에 눈이 있어 수익률이 높은 쪽으로 이동한다"는 이야기가 있다. 우리 금리가 미국보다 높다면 우리나라로 미국 자금이 들어오고, 달러 공급이 늘어 우리 돈 가치가 오르게 되는 것이다.

마지막으로 외환거래자의 예상이나 중앙은행의 정책 방향도 환율 결정에 영향을 준다. 외환시장 참가자들이 원/달러 환율이 떨어질 것으로 기대한다면 외환시장에 달러 공급이 늘어난다. 또한 중앙은행이 외환시장 개입을 통해 단기적으로 환율을 변동시킬 수 있다.

환율이 국민경제에 미치는 영향

환율은 수출입을 통해 국민경제에 중요한 영향을 미친다. 환율이 하락(원화 가치 상승)하면 외국인 입장에서 우리 상품이 비싸지기 때문에 수출이 줄어든다. 예를 들어 1달러당 환율이 1,200원에서 1,000원으로 떨어졌다면, 미국인 입장에서는 과거에는 1달러로 우리 상품 1,200원어치를 살 수 있는데 이제 1,000원어치밖에 살 수 없기 때문이다.

반면 이 경우에 수입은 증가한다. 우리 수입업자 입장에서 보면 미국 물건 1달러짜리를 과거에는 1,200원을 주고 샀는데, 환율이 떨어지니 1,000원을 주고도 살 수 있게 되었기 때문이다.

환율은 물가와 금리에도 영향을 준다. 원화 가치가 오르면 우리는 그만큼 원자재뿐만 아니라 완제품을 더 싸게 살 수 있다. 원자재를 저렴하게 생산하면 국내 생산업체들도 물건을 그만큼 싸게 만들 수 있다. 물가가 떨어지면 금리도 하락하게 된다. 피셔 방정식에서 명목금리는 실질금리와 물가상승률의 합으로 구성된다고 보았는

▶ 표 11-1 환율 변동 효과

	환율 하락 (통화가치 상승)	환율 상승 (통화가치 하락)
수출	수출 채산성 악화 (수출 감소)	수출 채산성 호전 (수출 증가)
수입	수입 상품 가격 하락 (수입 증가)	수입 상품 가격 상승 (수입 감소)
국내 물가	수입 원자재 가격 하락 (물가 안정)	수입 원자재 가격 상승 (물가 상승)
외자 도입 기업	원화 환산 외채 감소 (원금상환 부담 경감)	원화 환산 외채 증가 (원금상환 부담 증가)

데, 물가가 떨어지면 금리도 비슷한 정도로 낮아지게 된다.

한편 환율은 개별 기업이나 개인에게도 영향을 미친다. 환율이 떨어지면 외환 부채를 가지고 있는 기업 입장에서 그만큼 원리금 부담이 줄어든다. 과거 한때 원/달러 환율이 떨어지면 주식시장에서 대한항공 주가가 상승했다. 대한항공은 달러 부채가 많은데, 환율이 떨어지면 원화 기준으로 원리금 상환 금액이 줄어들고 추가로 원유도 싸게 수입할 수 있다. 또한 우리 돈 가치가 오르면 더 많은 우리 국민이 더 많은 해외여행을 하게 되어서 대한항공의 수입이 느는 효과가 있기 때문이다.

환율이 떨어지는 경우, 즉 원화 가치가 상승하는 경우에 환율이 경제 및 기업에 미치는 영향을 살펴봤다. 환율이 오르면 이와 반대 효과가 나타나는데, 이는 [표 11-1]에 정리한 내용과 같다.

균형환율 측정에 이용되는 여러 가지 환율

환율은 국가 간 화폐의 교환비율을 결정하기에 때문에 대내외의 다양한 경제적 변수에 영향을 받는다. 미묘하고 복잡한 성격이 있으므로 여러 측면의 변수를 고려하여 여러 가지 환율을 적용한다. 이에 대해 알아보자.

명목환율 nominal exchange rate

외환시장에서 매일 변동하는 이종통화 간 환율이다. 우리가 흔히 보는 환율로 1달러당 1,083원, 107엔, 6.35위안 등으로 표시한다.

▶ 그림 11-3 블룸버그 환율 조회   ▶ 그림 11-4 서울외국환중개 환율 조회

금융기관이나 포털 사이트 등에서 실시간으로 확인할 수 있다.

실질환율real exchange rate

상대국과의 환율을 계산할 때 두 나라의 물가 변동(구매력)을 반영하도록 조정한 환율이다. 예를 들어 미국과의 실질환율은 다음 식으로 구한다.

실질환율 = 명목환율 / (한국 물가 / 미국 물가)

실효환율effective exchange rate

두 나라 간 통화를 확대하여 자국 통화와 모든 교역 상대국 통화의 종합적인 관계를 나타내는 환율이다. 실효환율은 주요 교역 상

▶ 그림 11-5 원과 엔의 실효환율지수 추이

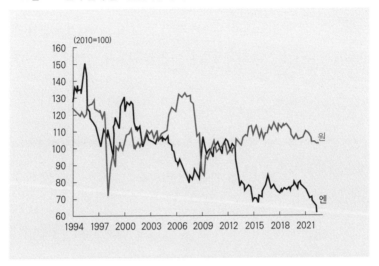

대국의 명목환율을 교역량 등으로 가중한 명목실효환율과 이에
다시 교역 상대국의 물가지수 변동까지 감안한 실질실효환율로 나
뉜다.

국제결제은행BIS에서는 매월 각국의 실효환율지수를 작성해서
발표하고 있다(http://www.bis.org/statistics/eer/index.htm). 이 지수
에 따르면 2022년 5월 현재 원화 가치는 2.4% 고평가, 엔화 가치는
38.2% 저평가된 것으로 나타났다.

구매력평가환율purchasing power parity exchange rate

한 나라 통화의 구매력과 다른 통화들 간의 구매력이 균형을 유지하도록 국내 물가와 외국 물가의 수준을 환율에 반영시킨 것이다.

● 빅맥지수란? ●

영국의 유명한 경제 전문 주간지 《이코노미스트(The Economist)》는 1986년부터 매 분기 빅맥지수(BicMac Index)를 이용하여 각국의 환율을 평가하고 있다. 이를 버거노믹스(Burgernomics)라고도 한다.

빅맥 환율은 환율결정 이론에서 가장 기본적인 구매력평가설(PPP, purchasing power parity)에 근거하고 있다. 즉 일물일가의 원칙에 따라 같은 상품이라면 나라에 상관없이 가격이 같아야 한다는 것이다.

《이코노미스트》는 맥도널드의 '빅맥'이라는 햄버거 가격을 기준으로 각국 환율의 적정성을 평가한다. 적정 환율의 산출 방법은 다음과 같다.

미국에서 2022년 1월 현재 빅맥은 개당 5.81달러(애틀랜타, 시카고, 뉴욕, 샌프란시스코의 평균)이다. 그런데 한국에서는 빅맥이 개당 4,600원에 팔리고 있다. 일물일가의 법칙에 따라 빅맥 가격은 미국과 한국에서 같아야 한다. 따라서 빅맥 한 개를 살 수 있는 미화 5.81달러의 가치는 한국 돈 4,600원과 같게 된다. 이를 다시 환산하면 미화 1달러의 가치는 원화 791.3원이다. 그러므로 빅맥 환율에 따르면 원화의 균형환율은 미 달러당 791.3원이다. 참고로 2022년 1월 말 원/달러 환율은 1,205.5원이었다. 원화 가치가 34.4%나 저평가된 셈이다.

빅맥 환율은 각국의 조세 차이, 판매세, 요소비용(비교역재)의 차이를 고려하지 못하는 단점이 있다. 그렇지만 빅맥 환율은 각국 환율의 적정성 평가에 가장 중요한 척도 가운데 하나로 이용되고 있다.

▶ 그림 11-6 빅맥지수 발표 웹페이지

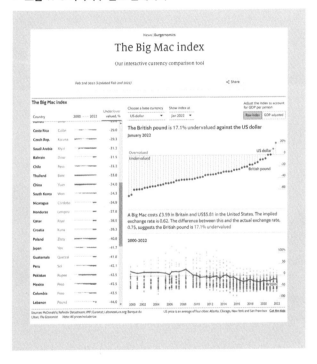

03

나라별로 천차만별, 세계의 환율 이야기

세계 각국은 자국의 경제 환경과 역사적 배경 등에 따라 고유의 환율정책과 제도를 운용하고 있다. 그 내용을 알아보자.

① 별도의 법률 화폐가 없는 환율 제도

타국의 화폐가 유일한 법률 화폐로 통용되거나 소속된 통화 동맹의 공통 법률 화폐를 사용하는 경우이다. 유로를 공통 화폐로 사용하는 유럽연합 국가들이 대표적이다. 37개국이 이 제도를 운용하고 있다.

② 통화위원회 제도

통화 당국이 자국 통화를 일정한 환율로 타국 통화와 교환해주는 제도이다. 통화 당국이 교환에 대한 의무를 지고 있다. 아르헨티나 등 8개국이 운용하고 있는 제도이다.

③ 고정환율제도

단일 통화 또는 통화 바스켓에 자국 통화를 고정된 환율로 페그시키는 제도이다. 중심 환율부터 상하 1% 범위의 변동을 허용하는 환율 제도까지 포함한다. 39개국이 이 제도를 운용한다.

④ 변동 제한폭을 가진 고정환율제도

고정환율에서 상하 1% 이상의 변동 폭을 갖는 환율 제도이다. 12개국이 이 제도를 운용한다.

⑤ 크롤링 페그 제도

사전에 공포된 일정한 비율 또는 선별된 몇 개의 수량 지표 변동률에 따라 주기적으로 환율을 조정하는 제도이다. 앙골라 등 6개국에서 운용 중이다.

⑥ 크롤링 밴드 제도

크롤링 페그 제도에 환율 변동 제한 폭이 부과된 제도이다. 콜롬비아 등 10개국이 운용 중이다.

⑦ 관리변동환율제도

외환 당국이 환율 수준에 관한 발표 없이 외환시장에 적극적으로 개입해 환율 수준에 영향을 미치는 제도이다. 26개국이 이 제도를 운용한다.

⑧ 자유변동환율제도

환율은 시장에서 결정되며, 시장에 개입하는 외환 당국의 목적이 환율 수준 조정이 아니라 환율 변동 완화에 있는 제도이다.

우리나라를 비롯하여 미국과 일본 등은 자유변동환율제도를 운용하고 있다. 중국은 1994년 관리변동환율제도를 채택했다. 이것은 위안화 환율을 미국 달러 환율에 고정한 뒤 하루 변동 폭을 상하 0.5%로 제한한 것이다. 그사이 몇 차례 변화가 있었지만 주된 기조는 관리변동환율제도였다. 복수 통화 바스켓을 도입하거나 일일 변동 폭을 확대하는 차원에서 변동이 있었다. 2015년 8월 이후에는 위안화 환율의 시장화, 자유화를 추진하고 있다.

'환율' 지표로 보는 부의 흐름

☑ 우리 돈과 다른 나라 돈의 교환 비율을 환율이라고 한다. 환율은 보통 미국 달러 기준으로 표시한다. 따라서 원화 가치가 오르는 것은 환율 하락, 내리는 것은 환율 상승이다.

☑ 환율이 하락하면 수출에 불리하고 수입에 유리하다. 반대로 환율이 상승하면 수출에 유리하고 수입에 불리하다.

☑ 명목환율은 외환시장에서 매일 변동하는 이종통화 간 환율로 1달러당 1,083원, 107엔, 6.35위안 등으로 표시한다.

☑ 같은 제품의 가격을 나라별로 비교하면 환율의 적절성을 평가할 수 있다. 대표적인 것으로 빅맥지수가 있다.

☑ 우리나라를 비롯하여 미국과 일본 등은 자유변동환율제도를 운용하고 있으며 중국은 관리변동환율제도를 기본으로 하고 있다.

12장

국외 거래의 흐름: 국제수지

한눈에 보는 국제수지 지표 읽는 법

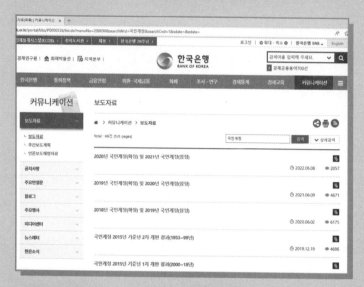

▶ 한국은행 웹사이트 '커뮤니케이션' 메뉴의 '보도자료'에서 '국민계정'을 검색하면 연간 단위 국민계정 지표를 얻을 수 있다. 보도자료와 통계표를 모두 다운로드해서 참고로 한다.

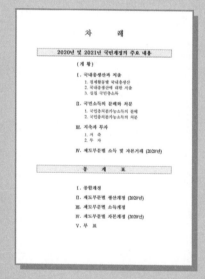

국민계정은 우리나라 전체의 종합 장부라 할 수 있다.

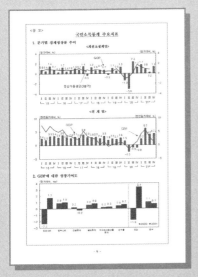
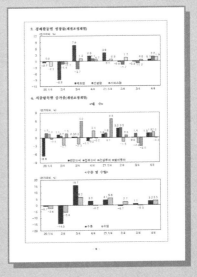

국민계정은 국가경제의 전반적인 상황을 일목요연하게 보여준다.

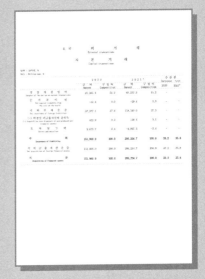

종합계정 중 국외 거래는 경상 거래와 자본 거래로 나누어 해당 연도와 전년도 국제수지를
보여준다.

01

국제수지란 무엇인가

기업이 사업과 자금 현황을 관리하기 위해 재무제표를 작성하고 가계의 살림살이를 가계부에 기록하듯 국가도 나라 경제의 살림살이 내용을 기록하는데, 이를 국민계정이라 한다. 기업 재무제표가 재무상태표와 손익계산서, 자본변동표, 현금흐름표로 구성되듯 국가경제의 복잡다단한 상황을 다루는 국민계정도 국민소득통계, 산업연관표, 자금순환표, 국제수지표, 국민대차대조표의 5가지로 구성되어 있다.

국민계정 중에서 국외 거래를 다루는 것이 국제수지표Balance of

Payment이다. 일정한 기간에 발생한 거주자와 비거주자 사이에 거래 내용을 종합적으로 기록한 장부라 할 수 있다. 국제수지는 크게 경상수지와 자본금융계정으로 구분되는데, 자세한 내용은 [표 12-1] 과 같다.

국제수지 통계에서 상품 수출입은 FOBFree On Board 가격으로 평가한다. 이것은 CIF와 함께 가장 널리 쓰이는 무역 상거래의 조건 중 하나이다. 매도인(수출업자)이 약속한 화물을 매수인(수입업자)이

▶ 표 12-1 국제수지의 구분

구분		내용
경상수지	① 상품수지	거주자와 비거주자 간의 상품 수출입 거래를 계상하며 일반상품, 비화폐용 금 및 중계무역 순수출로 세분화
	② 서비스수지	거주자와 비거주자 간의 서비스 거래 결과 발생한 수입과 지급을 계상하며 가공서비스, 운송, 여행, 건설 등 12개 항목으로 구성
	③ 본원소득수지	대외 금융자산 및 부채와 관련된 배당, 이자 등의 투자소득과 근로소득인 급료 및 임금 계상
	④ 이전소득수지	거주자와 비거주자 사이에 대가 없이 이루어진 무상원조, 증여성 송금 등 이전 거래 내역 기록
자본수지		채권자에 의한 채무 면제 등을 기록하는 자본 이전과 상표 등 마케팅 자산의 취득과 처분 등을 기록하는 비생산·비금융자산으로 구분
금융계정		경영 참여를 통해 지속적인 이익을 취할 목적인 직접투자, 주식과 채권 거래를 나타내는 증권투자, 파생금융상품 거래를 계상하는 파생금융상품, 대출, 차입 등의 기타 투자 및 통화 당국이 보유한 외환보유액의 거래 변동을 계상하는 준비자산으로 구분

지정한 선박에 적재하고 본선상에서 화물의 인도를 마칠 때까지의 일체 비용과 위험을 부담하는 무역 거래 조건을 말한다. 약속한 화물에 대해 선박 적재부터 인도가 끝난 이후까지 소모되는 일체의 비용과 위험의 부담을 매수자가 진다는 점에서 CIF와 차이가 있다. FOB 가격은 화물을 선적항에서 매수자에게 인도할 때의 가격으로 본선 적재 가격이나 수출항 본선 인도 가격이라고 한다. 반면 CIF 가격이란 수출입 상품의 운임·보험료를 포함한 가격, 즉 도착항까지의 인도 가격을 말한다. 일반적으로 통관 통계 시에 수출은 본선 인도 가격FOB을, 수입은 운임 및 보험료 포함 가격CIF을 기준으로 평가한다.

통관 통계에서 수출은 FOB, 수입은 CIF 가격으로 평가하나, 국제수지 통계에서는 수출입 모두 FOB 가격으로 평가한다.

사례로 보는 경상수지와 금융계정 통계 발표

한국은행은 매월 경상수지 통계를 작성하여 발표한다. 우리나라는 경상수지 흑자가 계속 늘어나는 추세이다. 하지만 원화 가치는 그만큼 상승하지 못하고 있는데 그 이유는 경제위기 국면에서 안전자산인 달러화 강세가 뚜렷하기 때문이다.

먼저 [표 12-2]와 [표 12-3]을 통해 월별 경상수지와 금융계정 및 자본수지를 살펴보자.

(단위: 억 달러, %)

	2021p		2022p		
	4	1~4	3r	4	1~4
경상수지	1.8	225.2	70.6	-0.8	153.1
1. 상품수지	49.5	242.3	56.4	29.5	136.8
1.1 수출[1][2]	530.0	2,002.6	648.2	589.3	2,339.0
	(48.5)	(21.3)	(17.5)	(11.2)	(16.8)
1.2 수입(FOB)[1][2]	480.5	1,760.3	591.8	559.8	2,202.2
	(36.5)	(18.0)	(25.1)	(16.5)	(25.1)
2. 서비스수지	-1.3	-19.9	3.6	5.7	10.1
2.1 가공서비스	-4.2	-17.3	-3.9	-4.1	-17.1
2.2 운송	6.5	28.8	15.5	17.6	75.1
2.3 여행	-5.9	-18.1	-4.7	-5.9	-20.7
2.4 건설	3.1	15.5	3.3	2.9	12.0
2.5 지식재산권사용료	-3.7	-11.5	-5.1	3.3	-8.0
2.6 기타 사업서비스[3]	-1.8	-28.2	-6.0	-9.2	-37.9
3. 본원소득수지	-39.1	22.3	11.5	-32.5	14.9
3.1 급료 및 임금	-1.5	-2.6	-0.7	-0.6	-2.2
3.2 투자소득	-37.6	24.9	12.2	-31.8	17.1
(배당소득)	-51.6	-13.3	3.9	-38.2	-14.3
(이자소득)	14.0	38.3	8.3	6.4	31.4
4. 이전소득수지	-7.2	-19.5	-0.9	-3.5	-8.6

주: 1) 국제수지의 상품 수출입은 국제수지매뉴얼(BPM6)의 소유권 변동 원칙에 따라 국내 및 해외에서 이루어
진 거주자와 비거주자 간 모든 수출입 거래를 계상하고 있어 국내에서 통관 신고된 물품을 대상으로 하는
통관 기준 수출입과는 차이가 있음
2) ( ) 내는 전년 동기 대비 증감률
3) 연구개발서비스, 전문·경영컨설팅서비스, 건축·엔지니어링서비스 등으로 구성

▶ 표 12-3 월별 금융계정 및 자본수지

(단위: 억 달러)

	2021p		2022p		
	4	1~4	3r	4	1~4
금융계정[1]	-17.6	212.4	56.6	17.0	156.7
1. 직접투자	19.2	97.3	63.2	56.2	225.3
1.1 직접투자[자산]	45.0	146.2	91.6	57.0	277.2
1.2 직접투자[부채]	25.9	49.0	28.4	0.8	52.0
2. 증권투자	-12.9	89.0	89.6	88.9	166.0
2.1 증권투자[자산]	48.4	316.5	65.8	72.0	261.5
주식	53.5	313.3	57.8	69.5	236.2
부채성증권	-5.1	3.2	7.9	2.6	25.3
2.2 증권투자[부채]	61.3	227.5	-23.8	-16.9	95.5
주식	7.6	-57.2	-36.6	-32.8	-68.0
부채성증권[2]	53.7	284.7	12.8	16.0	163.5
3. 파생금융상품	-2.1	-8.6	0.6	2.2	6.0
4. 기타 투자	-38.2	-12.9	-54.5	-100.5	-160.8
4.1 기타 투자[자산]	55.0	132.0	49.9	1.7	58.4
(대출)	-17.1	-19.6	22.2	-38.3	-37.7
(현금 및 예금)	45.2	43.3	-32.3	30.4	46.1
(기타 자산)[3]	16.1	71.5	25.0	10.3	37.9
4.2 기타 투자[부채]	93.2	144.9	104.4	102.2	219.2
(대출)	47.2	80.7	58.1	103.0	160.2
(현금 및 예금)	15.6	48.9	24.4	11.8	26.5
(기타 부채)[3]	19.6	-13.4	3.2	-13.8	23.7
5. 준비자산	16.4	47.6	-42.3	-29.8	-79.7
자본수지	-0.2	-0.5	0.4	-0.1	0.3

주: 1) 순자산 기준, 자산·부채 증가는 (+), 자산·부채 감소는 (-)
 2) 거주자가 해외에서 발행한 채권 중 비거주자와의 거래는 포함
 3) 매입 외환, 매도 외환 등

'국제수지' 지표로 보는 부의 흐름

☑ 국제수지는 일정한 기간에 발생한 거주자와 비거주자 사이에 거래 내용을 종합적으로 기록한 것으로 크게 경상수지와 자본금융계정으로 구분한다.

☑ 경상수지에는 상품수지, 서비스수지, 본원소득수지, 이전소득수지가 있으며, 경상수지 외에 자본수지와 금융계정으로 나뉜다.

☑ 한국은 지속적으로 경상수지 흑자를 기록하고 있지만, 원화 가치는 상승하지 않고 있다. 그래서 '환율 조작'의 의심을 받기도 한다.

☑ 한국의 경상수지 흑자는 환율 때문에 일어나는 것은 아니다. 그보다는 인구 변화 등 구조적 요인에 기인한다.

☑ 2008년 미국에서 시작한 금융위기를 겪으면서 선진국들이 이른바 '환율 전쟁'을 벌이기 시작했고 그 여파로 원화 가치가 상대적으로 상승 중이다.

13장

정부의 수입과 지출 활동: 재정

한눈에 보는 재정 지표 읽는 법

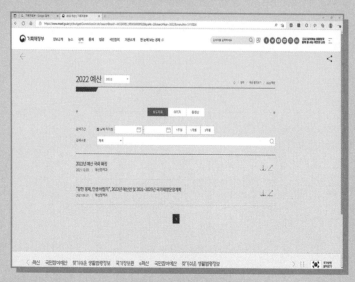

▶ 기획재정부 웹사이트의 '정책' 메뉴 중 '정책 게시판'을 선택하면 재정 관련 주요
자료를 구할 수 있다.

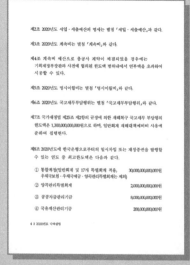

'예산 총칙'에서 해당 연도 예산의 전체 구조를 파악할 수 있다.

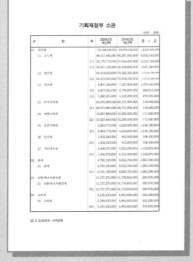

세입예산명세서에는 국가 부처별로 세입 내역이 기록된다.

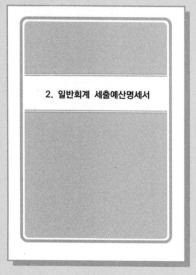

세출예산명세서에는 국가 부처별로 세출 내역이 기록된다.

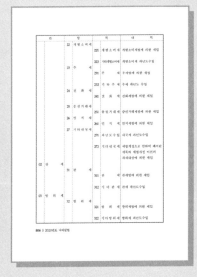

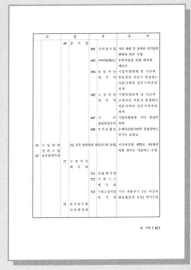

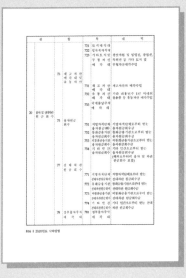

세입세출예산 과목 구분을 세입과 세출로 나누어 표시한다.

01

재정이란 무엇인가

재정의 의의

가계가 가계부를 작성하고, 기업이 재무제표를 작성하는 것처럼 정부도 수입과 지출을 기록해야 한다. 재정public finance이란 정부의 수입과 지출에 관한 활동이다. 정부의 재정 활동을 흔히 공공경제 public economy라고도 한다.

재정의 기능

재정의 기능은 크게 다음 3가지로 나눠 설명할 수 있다.

첫째, 경제 안정화 기능이다. 정부는 통화정책, 환율정책, 소득정책 등과 병행해서 재정정책을 사용하여 고용 및 물가 안정, 적정 국제수지 유지, 장기적 경제성장 촉진 등 거시경제 목표를 달성해 나간다.

둘째, 재정은 자원배분 기능을 한다. 경제는 시장 거래 외의 요인에도 영향을 받는데, 그것이 이익으로 나타나는 '외부경제'와 손해가 생기는 '외부불경제'가 존재한다. 따라서 자원이 비효율적으로 배분되는 곳이 발생하는데, 이곳에 재정이 개입하여 공공재를 생산하게 한다.

셋째, 재정은 조세와 지출 정책을 통해 소득분배 기능을 한다.

재정 통계

재정 통계는 세입, 세출, 보전재원을 기록한 것이다. 주요 재정 통계는 기획재정부 웹사이트(http://www.mosf.go.kr)에서 열람할 수 있다.

02

세입·세출과
균형재정 이야기

세입

정부가 돈을 벌어들이는 것이 세입이다. 정부의 재정수입은 크게
경상수입과 자본수입으로 분류한다. 경상수입은 조세수입과 세외
수입으로 분류하는데, 조세수입에는 소득 및 이익세, 사회보장기여
금, 재산세, 재화 및 용역세, 국제무역거래세가 포함되고, 세외 수입
에는 입장료, 벌과금 등이 들어 있다.

이외에 자본수입과 원조수입 등의 정부수입이 있다. 자본수입은
정부 소유의 토지나 건물 등을 팔았을 때 얻는 수입이다. 원조수입

은 국제기구의 원조(지방정부의 경우 중앙정부로부터의 교부금)로부터 오는 수입원이다.

정부의 재정수입 중 가장 높은 비중을 차지하는 것이 개인과 기업으로부터 거두어들이는 세금이다. 세금은 세금 납부 방식에 따라 직접세와 간접세, 세율 적용에 따라 누진세와 비례세로 나누어볼 수 있다.

직접세는 소득세나 법인세와 같이 소득을 얻은 사람이 직접 세금을 내는 형식이다. 간접세는 세금을 부담하는 사람과 세금을 내는 사람이 다르다. 예를 들어 우리가 제품을 살 때는 물건값에 부가가치세를 더하여 돈을 지불한다. 그런데 우리가 낸 부가가치세는 제품을 판매한 사업자가 납부한다. 직접세에는 소득세, 법인세, 상속세, 증여세, 부당이득세, 자산재평가세, 토지초과이득세 등이 있고, 간접세에는 부가가치세, 특별소비세, 주세, 인지세, 전화세 등이 있다. 소득의 분배를 위해서는 일반적으로 직접세 비중이 간접세 비중보다 높은 것이 바람직하다.

비례세는 소득의 크기에 상관없이 모두 일정한 세율을 적용하는 것이며, 누진세는 소득이 높을수록 더 높은 세율을 적용하는 방식이다. 이는 소득의 불평등을 보전하기 위한 것으로 고소득자에게는 높은 세율의 세금을 매기고, 저소득자에게는 낮은 세율의 세금을 부과한다.

조세부담률과 국민부담률

조세부담률은 경상 GDP에서 조세(국세+지방세)가 차지하는 비중으로 국민의 조세부담 정도를 측정하는 지표이다. 국민부담률은 경상 GDP에서 조세와 사회보장기여금이 차지하는 비중을 의미한다.

국민부담률 = 조세부담률(조세 / GDP) + 사회보장부담률(사회보장기여금 / GDP)

조세부담률 관련 지표는 기획재정부의 국가지표체계(e-나라지표) 웹사이트(http://www.index.go.kr)에서 상세히 볼 수 있다.

한편 OECD는 매년 국가별 국민부담 수준을 비교하기 위해 통계로서 조세부담률과 국민부담률을 작성하여 발표한다. 우리나라의 조세부담률은 2000년대에 들어 18~19%대에서 안정세를 보였으나 2010년 19.3%, 2011년 19.8%로 0.5%p 상승했고, 국민부담률은 2010년 25.1%에서 2011년 25.9%로 0.8%p 올라갔다. 우리나라 조세부담률은 2014년 기준으로 18.0%이고, 국민부담률은 24.6%로서 OECD 회원국 34개국의 평균 조세부담률(25.1%) 및 국민부담률(34.2%)에 비해 낮은 수준이다.

▶ 표 13-1 조세부담률 및 국민부담률 국제 비교

구분	한국	미국	일본	프랑스	독일	이탈리아	영국	OECD 평균
조세 부담률(%)	18.0	19.7	19.3	28.5	22.6	30.7	26.1	25.1
국민 부담률(%)	24.6	25.9	32.0	45.5	36.6	43.7	32.1	34.2

자료: OECD Revenue Statistics(2016년 판)

▶ 그림 13-1 OECD의 국민부담률 통계 화면

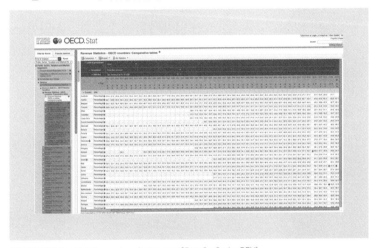

출처: OECD(https://stats.oecd.org/Index.aspx?DataSetCode=REV)

세출

세출은 재정지출의 효과를 분석하기 위해 경상지출(재화 및 서비스 구입, 이자 지급, 보조금, 경상 이전)과 자본지출(고정자산 취득, 토지 및 무형자산 매입 등)로 분류한다. 한편 세출을 기능에 따라 분류하기도 하는데, 이는 일반공공행정, 국방 등 세출의 기능을 중심으로 분류한 것이다.

재정 관련 주요 용어

① 밀어내기(또는 구축) 효과crowding-out effect

정부가 재정 적자를 메우기 위해 국채 발행을 늘리면 시중 금리가 상승하여 민간 부문(소비, 투자)이 위축되는 경제 현상을 말한다.

② 재정의 자동 안정화 장치built-in stabilizer

재정이 스스로 경기를 조절하는 기능을 말한다. 즉 경기가 좋을 때는 세수가 올라가 경기 과열을 막고, 경기침체기에는 세수가 줄어 침체 정도를 완화해준다.

03

국가채무란 무엇이고 지표는 어떻게 활용하는가

국가채무의 개념

국제통화기금IMF은 국가채무를 "정부가 직접적인 상환 의무를 부담하는 확정 채무"라고 정의한다. 이것이 국제 기준인데 이에 따르면 보증채무, 4대 연금의 잠재부채 등은 국가채무에 포함되지 않는다.

자세히 살펴보면, 보증채무는 원채무자가 원리금 상환 의무를 다하지 못할 경우에 한하여 국가채무로 전환되는 미확정 채무로서, 확정 채무인 국가채무에 해당하지 않는다. 그리고 4대 연금의 잠재

부채(책임준비금 부족분)는 연금개혁 등 정책 환경 변화에 따라 가변적인 미확정 채무로서 확정 채무인 국가채무에 포함되지 않는다.

공기업 부채는 시장성을 갖추고 있는 공기업이 정부와 독립적인 경영활동을 하는 과정에서 발생한 부채로서 국가채무에 포함되지 않는다. 통화안정증권은 통화정책 수행 과정에서 발행하는 한국은행 부채로서, 국가채무에 포함되지 않는다.

국가재정법상 국가채무는 지방정부 채무를 제외한 중앙정부 채무만을 의미하나, 국제 비교 등을 위해 중앙정부 채무 외 지방정부 채무를 포함한 국가채무(일반정부 채무)를 매년 발표한다. 상세한 내용은 기획재정부 국가지표체계 웹사이트(http://www.index.go.kr)에서 검색하여 활용할 수 있다.

국가채무지표의 활용

국가채무는 미래 정부가 채무자로서 상환해야 하는 금액을 의미하며, 중장기 재정 건전성을 보여주는 핵심 지표이다. 국가채무 통계를 통해 우리나라 국가채무의 규모, 추세, 증가 속도 등을 분석할 수 있다. 또한 국가 간 비교를 통해 우리나라 재정 상태에 대한 모니터링이 가능하며, 향후 국가재정의 운용 방향에 참고할 수 있다.

국가채무가 늘고 있지만 우리나라는 GDP 대비 국가채무 비율이 다른 나라에 비해서는 상대적으로 안정적이다. [그림 13-2]에서

▶ 그림 13-2 주요 직역의 정부부채/GDP 비율

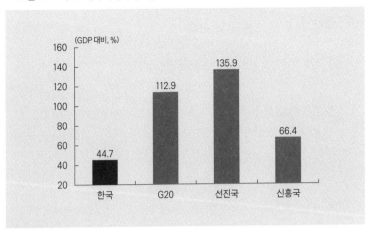

주: 2020년 기준
자료: BIS

보듯이 2020년 기준으로 우리나라의 GDP 대비 정부부채 비율은
44.7%로, G20 평균(112.9%)보다 훨씬 낮다.

'재정' 지표로 보는 부의 흐름

☑ 정부의 수입과 지출에 관한 활동을 재정이라 하는데, 경제 안정화, 자원 배분, 소득분배 기능을 담당한다.

☑ 조세부담률은 경상 GDP에서 조세(국세+지방세)가 차지하는 비중으로 국민의 조세부담 정도를 측정하는 지표이다.

☑ 국민부담률은 경상 GDP에서 조세와 사회보장기여금이 차지하는 비중을 나타낸다.

☑ 재정은 스스로 경기를 조절하는 기능을 갖는다. 경기가 좋을 때는 세수가 올라가 경기 과열을 막고, 경기침체기에는 세수가 줄어 침체 정도를 완화해준다.

☑ 국가채무는 미래 정부가 채무자로서 상환해야 하는 금액을 의미하며, 중장기 재정 건전성을 보여주는 핵심 지표이다.

부록

한눈에 보는
한국의 주요 거시경제지표

항목	실질 GDP		경상 GDP		달러 기준	GDP 디플레이터	1인당 국민총소득			총 저축률	국내 총 투자율	실업률
단위	조 원	성장률,%	조 원	증가율,%	억 달러	2015=100	상승률	만 원	달러	%	%	%
2000	903.6	9.1	651.6	10.2	5,763.6	72.1	1.0	1,377	12,179	34.2	33.1	4.4
2001	947.4	4.9	707.0	8.5	5,477.3	74.6	3.5	1,482	11,484	32.3	31.9	4.0
2002	1,020.6	7.7	784.7	11.0	6,271.7	76.9	3.0	1,641	13,115	31.7	31.3	3.3
2003	1,052.7	3.1	837.4	6.7	7,025.5	79.5	3.4	1,742	14,618	33.3	32.5	3.6
2004	1,107.4	5.2	908.4	8.5	7,936.3	82.0	3.1	1,886	16,477	35.7	32.7	3.7
2005	1,155.1	4.3	957.4	5.4	9,347.2	82.9	1.0	1,973	19,262	34.2	32.8	3.7
2006	1,215.9	5.3	1,005.6	5.0	10,524.2	82.7	−0.2	2,070	21,664	33.2	33.2	3.5
2007	1,286.5	5.8	1,089.7	8.4	11,726.9	84.7	2.4	2,233	24,027	33.8	33.3	3.2
2008	1,325.2	3.0	1,154.2	5.9	10,468.2	87.1	2.8	2,354	21,345	33.4	33.7	3.2
2009	1,335.7	0.8	1,205.3	4.4	9,443.3	90.2	3.6	2,441	19,122	33.5	29.5	3.6
2010	1,426.6	6.8	1,322.6	9.7	11,438.7	92.7	2.7	2,673	23,118	35.2	32.6	3.7
2011	1,479.2	3.7	1,388.9	5.0	12,534.3	93.9	1.3	2,799	25,256	34.6	33.2	3.4
2012	1,514.7	2.4	1,440.1	3.7	12,779.6	95.1	1.3	2,899	25,724	34.5	31.1	3.2
2013	1,562.7	3.2	1,500.8	4.2	13,705.6	96.0	1.0	2,995	27,351	34.8	29.7	3.1
2014	1,612.7	3.2	1,562.9	4.1	14,839.5	96.9	0.9	3,095	29,384	35.0	29.7	3.5
2015	1,658.0	2.8	1,658.0	6.1	14,653.4	100.0	3.2	3,260	28,814	36.4	29.5	3.6
2016	1,706.9	2.9	1,740.8	5.0	15,000.3	102.0	2.0	3,411	29,394	36.8	30.1	3.7
2017	1,760.8	3.2	1,835.7	5.5	16,233.1	104.3	2.2	3,589	31,734	37.1	32.3	3.7
2018	1,812.0	2.9	1,898.2	3.4	17,251.6	104.8	0.5	3,693	33,564	35.9	31.5	3.8
2019	1,852.7	2.2	1,924.5	1.4	16,510.1	103.9	−0.8	3,754	32,204	34.7	31.3	3.8
2020	1,839.5	−0.7	1,940.7	0.8	16,446.1	105.5	1.6	3,777	32,004	36.0	31.7	4.0
2021	1,915.8	4.1	2,071.7	6.7	18,102.3	108.1	2.5	4,048	35,373	36.3	31.8	3.7

항목	수출		수입		무역수지	경상수지		금융계정	소비자물가		생산자물가	
단위	억 달러	증가율, %	억 달러	증가율, %	억 달러	억 달러	GDP 대비, %	억 달러	2020=100	상승률, %	2015=100	상승률, %
2000	1722.7	19.9	1604.8	34.0	117.9	101.8	1.8	95.3	63.2	2.3	78.4	2.1
2001	1504.4	-12.7	1411.0	-12.1	93.4	21.7	0.4	82.9	65.7	4.1	78.0	-0.5
2002	1624.7	8.0	1521.3	7.8	103.4	40.7	0.6	55.6	67.5	2.8	77.8	-0.3
2003	1938.2	19.3	1788.3	17.6	149.9	113.1	1.6	166.8	69.9	3.5	79.5	2.2
2004	2538.4	31.0	2244.6	25.5	293.8	292.9	3.7	340.6	72.4	3.6	84.3	6.1
2005	2844.2	12.0	2612.4	16.4	231.8	122.1	1.3	184.7	74.4	2.8	86.1	2.1
2006	3254.6	14.4	3093.8	18.4	160.8	20.9	0.2	119.7	76.1	2.2	86.9	0.9
2007	3714.9	14.1	3568.5	15.3	146.4	104.7	0.9	171.3	78.0	2.5	88.1	1.4
2008	4220.1	13.6	4352.7	22.0	-132.7	17.5	0.2	-64.9	81.7	4.7	95.6	8.6
2009	3635.3	-13.9	3230.8	-25.8	404.5	330.9	3.5	271.8	83.9	2.8	95.4	-0.2
2010	4663.8	28.3	4252.1	31.6	411.7	279.5	2.4	215.2	86.4	2.9	99.1	3.8
2011	5552.1	19.0	5244.1	23.3	308.0	166.4	1.3	229.2	89.9	4.0	105.7	6.7
2012	5478.7	-1.3	5195.8	-0.9	282.9	487.9	3.8	483.9	91.8	2.2	106.4	0.7
2013	5596.3	2.1	5155.9	-0.8	440.5	772.6	5.6	785.4	93.0	1.3	104.7	-1.6
2014	5726.6	2.3	5255.1	1.9	471.5	830.3	5.6	865.1	94.2	1.3	104.2	-0.5
2015	5267.6	-8.0	4365.0	-16.9	902.6	1051.2	7.2	1029.6	94.9	0.7	100.0	-4.0
2016	4954.3	-5.9	4061.9	-6.9	892.3	979.2	6.5	999.3	95.8	1.0	98.2	-1.8
2017	5736.9	15.8	4784.8	17.8	952.2	752.3	4.6	845.2	97.6	1.9	101.6	3.5
2018	6048.6	5.4	5352.0	11.9	696.6	774.7	4.5	764.7	99.1	1.5	103.5	1.9
2019	5423.3	-10.3	5033.4	-6.0	389.9	596.8	3.6	590.3	99.5	0.4	103.5	0.0
2020	5125.0	-5.5	4676.3	-7.1	448.7	759.0	4.6	813.8	100.0	0.5	103.0	-0.5
2021	6444.0	25.7	6150.9	31.5	293.1	883.0	4.9	767.8	102.5	2.5	109.6	6.4

항목	원/달러		국고채(3년)	회사채(3년)	M2		Lf		KOSPI			
단위	연말	연평균	연평균,%	연평균,%	평잔,조원	증가율,%	평잔,조원	증가율,%	연말	상승률,%	연평균	상승률,%
2000	1259.7	1130.6	8.3	9.35	691.39	2.2	882.8	5.6	504.6	−50.9	734.2	−9.0
2001	1326.1	1290.8	5.68	7.05	739.34	6.9	967.3	9.6	693.7	37.5	572.8	−22.0
2002	1200.4	1251.2	5.78	6.56	824.23	11.5	1092.2	12.9	627.6	−9.5	757.0	32.1
2003	1197.8	1191.9	4.55	5.43	888.99	7.9	1187.8	8.8	810.7	29.2	679.8	−10.2
2004	1043.8	1144.7	4.11	4.73	929.64	4.6	1260.5	6.1	895.9	10.5	832.9	22.5
2005	1013.0	1024.3	4.27	4.68	993.96	6.9	1348.8	7.0	1379.4	54.0	1073.6	28.9
2006	929.6	955.5	4.83	5.17	1076.68	8.3	1454.9	7.9	1434.5	4.0	1352.2	26.0
2007	938.2	929.2	5.24	5.70	1197.09	11.2	1603.5	10.2	1897.1	32.3	1712.5	26.6
2008	1257.5	1102.6	5.27	7.02	1367.71	14.3	1794.8	11.9	1124.5	−40.7	1529.5	−10.7
2009	1167.6	1276.4	4.04	5.81	1508.55	10.3	1937.3	7.9	1682.8	49.7	1429.0	−6.6
2010	1138.9	1156.3	3.72	4.66	1639.68	8.7	2096.5	8.2	2051.0	21.9	1765.0	23.5
2011	1153.3	1108.1	3.62	4.41	1708.98	4.2	2208.2	5.3	1825.7	−11.0	1983.4	12.4
2012	1071.1	1126.9	3.13	3.77	1798.63	5.2	2379.5	7.8	1997.1	9.4	1930.4	−2.7
2013	1055.3	1095.0	2.79	3.19	1885.78	4.8	2543.2	6.9	2011.3	0.7	1960.5	1.6
2014	1099.2	1053.2	2.59	2.98	2009.58	6.6	2721.5	7.0	1915.6	−4.8	1982.2	1.1
2015	1172.0	1131.5	1.79	2.08	2182.91	8.6	2986.7	9.7	1961.3	2.4	2011.9	1.5
2016	1208.5	1160.5	1.44	1.89	2342.62	7.3	3229.9	8.1	2026.5	3.3	1987.0	−1.2
2017	1071.4	1130.8	1.80	2.33	2471.23	5.5	3445.2	6.7	2467.5	21.8	2311.4	16.3
2018	1118.1	1100.3	2.10	2.65	2626.90	6.3	3686.4	7.0	2041.0	−17.3	2325.0	0.6
2019	1157.8	1165.7	1.53	2.02	2809.94	7.0	3979.1	7.9	2197.7	7.7	2106.1	−9.4
2020	1086.3	1180.1	0.99	2.13	3070.83	9.3	4311.1	8.3	2873.5	30.8	2220.1	5.4
2021	1188.8	1144.4	1.39	2.08	3430.44	11.7	4733.2	9.8	2977.7	3.6	3110.8	40.1

3년 후 부의 흐름이 보이는
경제지표 정독법

개정 1판 1쇄 발행 | 2022년 9월 13일
개정 1판 8쇄 발행 | 2024년 8월 14일

지은이 김영익
펴낸이 김기옥

경제경영팀장 모민원
기획 편집 변호이, 박지선
커뮤니케이션 플래너 박진모
지원 고광현, 임민진
제작 김형식

디자인 푸른나무디자인(주)
인쇄 · 제본 민언프린텍

펴낸곳 한스미디어(한즈미디어(주))
주소 121-839 서울시 마포구 양화로 11길 13(서교동, 강원빌딩 5층)
전화 02-707-0337 | 팩스 02-707-0198 | 홈페이지 www.hansmedia.com
출판신고번호 제 313-2003-227호 | 신고일자 2003년 6월 25일

ISBN 979-11-6007-841-1 (13320)